야나두 나의 즐거운 영어생활

야나두
나의 즐거운 영어생활

원예나 지음

라곰

원어민들은 일상에서 대화할 때

쉬운 단어와 간단한 문장구조를 사용합니다.

야나두 영어생활 Q&A

Q. 영어를 '빠르게' 배우는 비결이 있나요?

우리에게 생소한 미식축구로 예를 들어보겠습니다. 경기의 규칙을 모른 채 열 번 경기를 관람하는 것과 규칙을 알고 세 번 경기를 관람하는 것 중 어떤 방법이 더 빨리 미식축구를 이해하게 해줄까요? 당연히 후자겠죠.

영어도 마찬가지입니다. 다양한 문장과 표현을 암기하는 것도 좋지만 '영어라는 게임의 기본 규칙'을 알고 훈련하는 것이 더 효율적입니다. 단어 따로, 문법 따로 공부해 문장을 완성하는 것보다는 '생활 밀착형 단어를, 영어 어순에 넣어서, 입으로 말해보면' 훨씬 빠르게 영어를 할 수 있게 됩니다.

Q. 생활 밀착형 단어는 어떤 것이고, 그게 어떤 도움이 되나요?

생활 밀착형 단어란 우리가 일상에서 매일 하는 행위들을 표현하는 단어들을 의미합니다.

예를 들어서 '반찬을 꺼내다', '폰을 확인하다', '옷을 걸다' 등등이죠. 생활 밀착형 단어로 영어를 훈련하면 좋은 점이 있어요. 바로 일상에서 반찬을 꺼낼 때마다 'Take out side dishes.' 하고 영어가 떠오르면서 복습이 된다는 것입니다.

외국어를 배울 때는 반드시 새로운 단어를 외워야 합니다. 생활 밀착형 단어는 일상에서, 동작을 하면서 자연스레 영어가 연상되기 때문에 이보다 더 훌륭한 복습은 없습니다. 반복된 노출을 통해서 자연스럽고 즐겁게 영어와 친해지세요.

Q. 문장을 잇는 방법을 'and~'밖에 모르겠어요. 다른 방법도 있나요?

많은 수강생들이 길게 말하라고 하면 and만 넣어서 문장을 연결합니다. 하지만 알고보면 다양한 방법들이 있습니다.

순차대로 말할 땐 before anything, after that, lastly 등을, 선후 관계를 이을 땐 before I~, after I~, when I~ 등을 사용할 수 있어요.

또 문장 내에서 양념과 같이 문장을 더 맛있게 만들어주는 방법도 있습니다. 장소와 공간 개념을 추가할 때는 at a bar, to the pan 등을, 시간 개념을 추가할 때는 on a rainy day, for hours, in between 등을, 이유를 말할 때는 to save, for fun 등을 씁니다.

이어 말하기는 이 책의 또 다른 목표이기도 한데요, 기본을 탄탄히 한 후 and 이외의 표현 방법을 공부하면 훨씬 더 원어민스러운 말하기를 할 수 있습니다.

Q. 영어를 '재미있게' 배울 수는 없을까요?

무언가를 배울 때 느끼는 '재미'와 예능을 볼 때 느끼는 '재미'는 다릅니다. 배울 때는 성취감이 느껴져야 재미있다고 말합니다.

이 책의 목표는 영어를 배우고자 하는 분들에게 재미, 즉 성취감을 주는 것입니다. 이 책으로 영어를 배우다 보면 '아, 내가 단어를 몰라서 영어로 말을 못 했던 게 아니구나', '문법을 몰라서 말을 못 했던 게 아니구나!'를 깨닫게 됩니다. 그러면서 '아, 나도 할 수 있었어!'라는 자신감까지 갖게 됩니다.

올바른 방법으로 훈련하고 나면, 나도 영어로 말할 수 있다는 가능성과 점점 발전하는 자신의 모습에 절로 영어가 재미있어질 것입니다.

Q. 왜 1분 말하기가 중요한가요?

혹시 이런 경험 있으세요? 원어민이 말할 때는 너무 길고 어렵게 느껴졌는데, 막상 스크립트를 보면 생각보다 쉽고, 내가 이미 알고 있던 단어들이 쓰인 경험이요.

사실 원어민들은 일상 대화에 쉬운 단어와 간단한 문장구조를 사용합니다. 단순한 문장들을 계속 이어나가는 훈련을 해주면 입에서 영어가 끊이지 않고 줄줄 나오며 성취감을 느끼게 될 거예요. 처음부터 긴 문장, 긴 호흡에 도전하는 것이 아니라 '나는 쉬운 문장을 이어가며 길게 말해봐야지!'라고 한다면 더 이상 영어가 두렵지 않고 도전해보고 싶은 대상으로 변할 것입니다.

1분 말하기는 '쉬운 문장들을 연결하는 법'을 배우고, 1분 동안 '오래 말하는 것'에 도전해보는 훈련입니다.

Q. 영어를 얼마만큼 공부해야 일상 회화가 가능해질까요?

핀란드는 비영어권 국가이지만 국민의 70%가 영어를 모국어처럼 사용합니다. 문법 대신 말하기 중심의 교육을 하기 때문이죠. 방법만 달리하면 얼마든지 머리로만 아는 영어에서 말하는 영어로 바꿀 수 있습니다.

회화를 잘하려면 '쓰지 말고 입으로 말해보라'는 것은 다이어트를 하려면 '적게 먹고 운동하라'는 말처럼 진부하게 들리지만, 그만큼 맞는 말이기도 합니다. 핀란드에서는 중학교 수준의 단어로 일상 대화를 합니다. 얼마만큼 많이 아느냐는 크게 중요하지 않습니다. 얼마만큼 많이 입으로 말해봤느냐가 중요합니다. 지금, 바로 말하는 영어를 시작하세요.

프롤로그

나의 일상을 영어로!

10여 년 넘게 영어를 가르치다 보니 세상에는 두 종류의 영어가 있다는 사실을 깨달았습니다. 말할 수 있는 영어와 말할 수 없는 영어.

수십 년을 공부해도 '나는 음식을 꺼낸다', '나는 식탁에 앉는다'와 같이 간단한 문장도 내뱉지 못하는 학생들을 많이 보았습니다. 하지만 영어로 보여주면 금세 '아, 맞아!' 하게 됩니다. 다 아는 단어들이기 때문입니다.

나는 음식을 꺼낸다.	**I take out the food.**
나는 식탁에 앉는다.	**I sit at the table.**

영어로 읽고 해석하는 것은 가능하지만 거꾸로 영어로 말할 수 없는 이유는 무엇일까요? 바로 어순 훈련이 되어 있지 않기 때문입니다. 어순 훈련은 영어의 기초 체력입니다. 2002년 월드컵 때 히딩크 감독은 '기초 체력 훈련'을 중요하게 생각했었죠. 90분 동안 경기를 할 때 스킬이 빛을 보려면 체력이 받쳐줘야 하니까요. 영어도 마찬가지예요. 기초 체력이 받쳐주지 않으면 실력이 늘지 않습니다.

《야나두, 나의 즐거운 영어생활》의 목표는 세 가지입니다.

첫째, 나의 일상을 말하며 영어 어순 훈련을 한다. 왜 어순 훈련이 중요하냐고요? 다음 문장을 보고 영어로 한번 말해보세요.

나는 출구를 찾는다.

나는 옷을 건다.

나는 폰을 확인한다.

나는 안전벨트를 맨다.

나는 줄을 선다.

다섯 문장 모두 반사적으로 입에서 툭툭 튀어나왔나요? 그렇다면 영어로 어떻게 말하는지 한번 볼까요?

I find the exit.

I hang up my clothes.

I check my phone.

I put on my seatbelt.

I stand in line.

어때요? 전혀 어렵지 않죠? 단어와 동사 모두 우리에게 이미 익숙한 것들입니다. 그렇다면 왜 우리는 다 아는 것들을 말로 내뱉지 못하는 걸까요? 그건 바로 영어와 한국말의 가장 큰 차이점인 어순 때문이에요. 어순 훈련이 제대로 되어 있지 않아서 말할 수 없는 겁니다.

한국어	영어
나는 출구를 찾는다	나는 찾는다 출구를
나는 옷을 건다	나는 건다 옷을
나는 폰을 확인한다	나는 확인한다 폰을
나는 안전벨트를 맨다	나는 맨다 안전벨트를
나는 줄을 선다	나는 선다 줄을

영어는 '나는 ~한다'와 같이 동작을 먼저 말하는 구조입니다. 어순은 어떠한 순서로 단어를 배열해야 하는지에 해당하는 상위 개념으로, 어순을 제대로 익히지 않고서는 to를 쓸지, -ing를 쓸지, s를 붙일지 말지 등의 세세한 문법 공식은 아무 소용이 없어요.

둘째, 생활 밀착형 단어로 일상에서 자연스럽게 영어로 말하게 한다. 생활 밀착형 단어란 우리가 일상에서 매일 하는 행위들을 표현하는 단어를 말합니다. 옷을 걸고, 폰을 확인하고, 안전벨트를 매는 것 등등이요. 책에서 배우고 나면 일상에서 그 행위를 할 때마다 영어가 연상되기 때문에 계속 입으로 말해볼 수 있습니다. 이 책에 나오는 300문장, 600단어만 익혀도 스스로 크게 성장했음을 느끼게 될 것입니다.

셋째, 영어로 길게 말하기에 도전한다. 원어민들이 말할 때는 길고 어렵게 느껴졌는데, 막상 스크립트를 보면 생각보다 쉬운 말들인 경우가 많습니다. 다시 말하면 우리도 방법만 알면 그렇게 말할 수 있다는 이야기입니다. 이 책에서는 기본 문장은 물론 과거시제, 3인칭 동사변형까지 훈련해 1분 말하기에 도전합니다. 나의 일상을 설명하는 '1분 말하기'를 완성하며 영어로 말하는 데 자신감을 갖게 될 거예요.

크리스마스트리를 떠올려보세요. 나무의 골격이 튼튼해야 화려한 장식이 돋보이겠죠? 영어 표현을 많이 아는 것도 중요하지만, 영어의 기본 어순이 잘 잡혀 있는가가 더 중요하다는 것! 절대 잊지 마세요.

You can do it! 여러분도 영어로 말할 수 있습니다!

2020년 11월

원예나

이 책의 구성

· Chapter 10 ·

Training at Home

영어로 바로 말할 수 있는 문장에 체크해보세요

- [ ] 나는 매트를 깐다.
- [ ] 나는 자세를 유지한다.
- [ ] 나는 몸을 스트레칭한다.
- [ ] 나는 호흡을 조절한다.
- [ ] 나는 포즈를 취한다.
- [ ] 나는 거울로 나를 본다.

075

동영상 강의

스마트기기로 QR코드를 찍으면 저자 영상 강의를 볼 수 있습니다.

Self check

본격적인 학습에 앞서 자신의 실력을 점검해봅니다. 얼마나 빠르고, 정확하게 말할 수 있는지 확인해보세요.

나는 꺼낸다 반찬을

I take out side dishes.

나는 푼다 밥을 그릇에

I scoop rice into a bowl.

나는 앉는다 식탁에

I sit at the table*.

on the table : 테이블 위에 (on : 접촉)

041

본문

동사에 주의하며 6문장을 입으로 말해보세요. 어느 정도 익혔다면 영어는 손으로 가리고 그림만 보고 말하는 연습을 이어가세요.

포인트

추가 설명이 필요한 단어는 아래 설명을 추가했습니다.

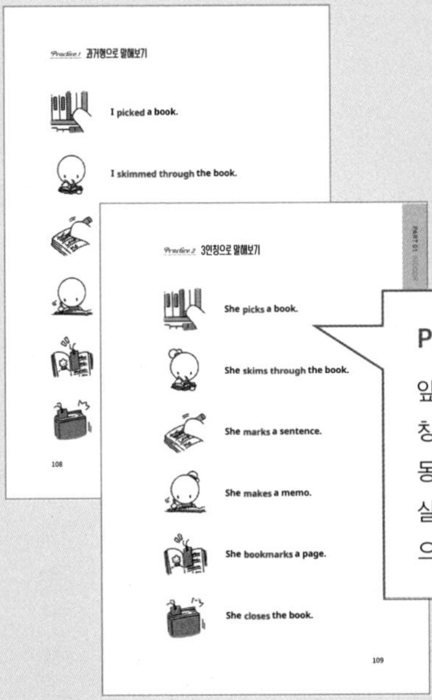
Practice 1 과거형으로 말해보기

I picked a book.

I skimmed through the book.

108

Practice 2 3인칭으로 말해보기

She picks a book.

She skims through the book.

She marks a sentence.

She makes a memo.

She bookmarks a page.

She closes the book.

109

Practice 1, 2

앞서 배운 문장을 과거형 시제와 3인칭 주어를 사용해 말해봅니다. 이때 동사가 어떻게 변하는지 주의 깊게 살피고 입으로 붙여 완벽하게 내 것으로 만들어봅니다.

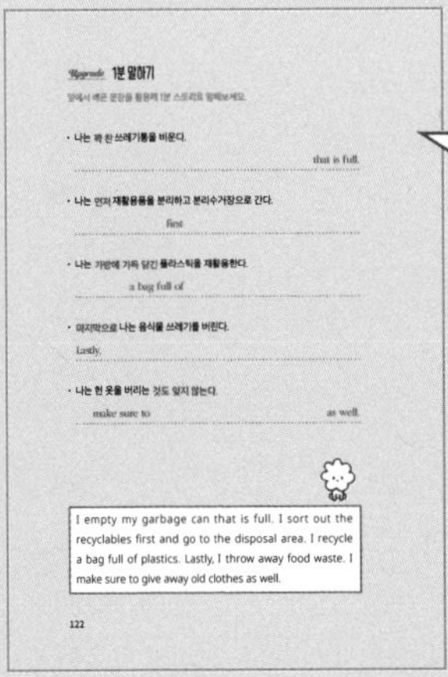
Upgrade 1분 말하기

• 나는 꽉 찬 쓰레기통을 비운다.

that is full.

• 나는 먼저 재활용품을 분리하고 분리수거장으로 간다.

first

• 나는 가방에 가득 담긴 플라스틱을 재활용한다.

a bag full of

• 마지막으로 나는 음식물 쓰레기를 버린다.

Lastly,

• 나는 헌 옷을 버리는 것도 잊지 않는다.

make sure to as well.

I empty my garbage can that is full. I sort out the recyclables first and go to the disposal area. I recycle a bag full of plastics. Lastly, I throw away food waste. I make sure to give away old clothes as well.

122

1분 말하기

앞에서 배운 6문장을 기본으로 1분 동안 나의 일상 말하기에 도전합니다. 이때 표현을 풍부하게 해줄 다양한 문구들을 활용해 느낌 있는 말하기를 완성합니다.

차례

Part 2 OUTDOOR

Part 1

INDOOR

• Chapter 1 •

Waking Up

영어로 바로 말할 수 있는 문장에 체크해보세요

- ☐ 나는 알람을 듣는다.
- ☐ 나는 알람을 끈다.
- ☐ 나는 기지개를 켠다.
- ☐ 나는 폰을 확인한다.
- ☐ 나는 침대에서 나온다.
- ☐ 나는 침대를 정리한다.

나는 듣는다 알람을

I hear* the alarm.

나는 끈다 알람을

I turn off the alarm.

나는 기지개를 켠다

I stretch.

* hear : 가만히 있어도 내 귀에 들려오다.
listen to : 의지를 갖고 집중해서 듣다.

나는 확인한다 폰을

I check my phone.

나는 나온다 침대에서

I get out of bed.

나는 정리한다 침대를

I make* the bed.

* make는 'make money(돈을 벌다)', 'I can make it(성공할 수 있다)', 'make the bed(침대를 정리하다)' 등 다양한 의미로 쓰입니다.

Practice 1 과거형으로 말해보기

I heard the alarm.

I turned off the alarm.

I stretched.

I checked my phone.

I got out of bed.

I made the bed.

Practice 2 3인칭으로 말해보기

She hears the alarm.

She turns off the alarm.

She stretches.

She checks her phone.

She gets out of bed.

She makes the bed.

Upgrade 1분 말하기

앞에서 배운 문장을 활용해 1분 스토리로 말해보세요.

- 매일 아침 나는 알람을 듣는다.

Every morning, ...

- 나는 그것을 곧바로 끈다.

.... right away.

- 나는 기지개를 켜고 폰을 확인한다.

....

- 잠시 후에 나는 침대에서 나와 침대를 정리한다.

After a little while, ...

Every morning, I hear the alarm. I turn it off right away. I stretch and check my phone. After a little while, I get out of bed and make the bed.

• Chapter 2 •

Brushing My Teeth

영어로 바로 말할 수 있는 문장에 체크해보세요

☐ 나는 칫솔을 든다.

☐ 나는 치약을 짠다.

☐ 나는 이를 닦는다.

☐ 나는 치약을 뱉는다.

☐ 나는 입을 헹군다.

☐ 나는 치실을 한다.

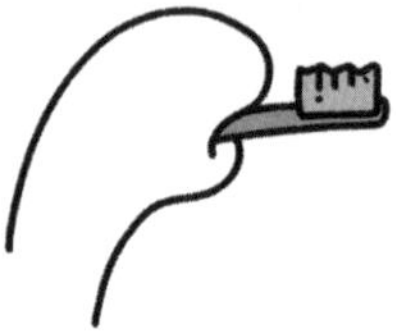

나는 든다 칫솔을

I hold my toothbrush.

나는 짠다 치약을

I squeeze out the toothpaste.

나는 닦는다 이를

I brush my teeth.

나는 뱉는다 치약을

I spit out the toothpaste.

나는 헹군다 입을

I rinse out my mouth.

나는 치실을 한다

I floss.

Practice 1 과거형으로 말해보기

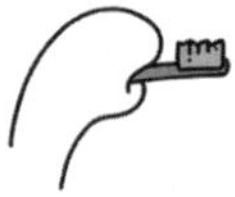

I **held** my toothbrush.

I **squeezed out** the toothpaste.

I **brushed** my teeth.

I **spat out** the toothpaste.

I **rinsed out** my mouth.

I **flossed**.

Practice 2 3인칭으로 말해보기

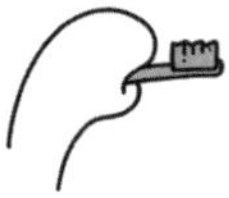

He holds his toothbrush.

He squeezes out the toothpaste.

He brushes his teeth.

He spits out the toothpaste.

He rinses out his mouth.

He flosses.

Upgrade 1분 말하기

앞에서 배운 문장을 활용해 1분 스토리로 말해보세요.

- 나는 칫솔을 손에 든다.

in my hand.

- 나는 거의 다 쓴 치약을 짠다.

that is almost empty.

- 나는 3분 동안 이를 닦고 치약을 뱉는다.

for three minutes then

- 나는 물로 입을 헹군다.

with water.

- 마지막으로 나는 이 사이를 치실한다.

Lastly, between my teeth.

I hold my toothbrush in my hand. I squeeze out the toothpaste that is almost empty. I brush my teeth for three minutes then spit out the toothpaste. I rinse out my mouth with water. Lastly, I floss between my teeth.

• Chapter 3 •

Making Kimchi Fried Rice

영어로 바로 말할 수 있는 문장에 체크해보세요

- ☐ 나는 가스레인지를 켠다.
- ☐ 나는 팬을 달군다.
- ☐ 나는 김치를 썬다.
- ☐ 나는 밥과 양념을 넣는다.
- ☐ 나는 계란프라이를 한다.
- ☐ 나는 볶음밥을 그릇에 옮긴다.

나는 켠다 가스레인지를

I turn on the stove.

나는 달군다 팬을

I heat the pan.

나는 썬다 김치를

I cut up* kimchi.

* cut up : 잘게 여러 번 자르다.(up : 완전히)
cut : 한 번 자르다.

나는 넣는다 밥과 양념을

I add rice and seasoning.

나는 프라이한다 계란(을)

I fry an egg.

나는 그릇에 옮긴다 볶음밥을

I plate* the fried rice.

* plate에는 '접시'라는 의미 외에 '음식을 옮겨서 예쁘게 만들다(장식하다)'라는 의미가 있습니다.

Practice 1 과거형으로 말해보기

I **turned on** the stove.

I **heated** the pan.

I **cut up** kimchi.

I **added** rice and seasoning.

I **fried** an egg.

I **plated** the fried rice.

Practice 2 3인칭으로 말해보기

She turns on the stove.

She heats the pan.

She cuts up kimchi.

She adds rice and seasoning.

She fries an egg.

She plates the fried rice.

Upgrade 1분 말하기

앞에서 배운 문장을 활용해 1분 스토리로 말해보세요.

- 우선 나는 가스레인지를 켜고 팬을 달군다.

  First, ...

- 그다음에 나는 엄마표 김치를 썬다.

  Then .... my mom-made ....

- 나는 밥과 양념을 팬에 넣는다.

  .... to the pan.

- 나는 아이들을 위해 계란프라이 두 개를 만든다.

  .... two eggs for my kids.

- 마지막으로 나는 볶음밥과 계란을 그릇에 옮긴다.

  Finally, ...

First, I turn on the stove and heat the pan. Then I cut up my mom-made kimchi. I add rice and seasoning to the pan. I fry two eggs for my kids. Finally, I plate the fried rice and eggs.

· Chapter 4 ·

Eating at Home

영어로 바로 말할 수 있는 문장에 체크해보세요

- ☐ 나는 식탁을 닦는다.
- ☐ 나는 반찬을 꺼낸다.
- ☐ 나는 수저를 놓는다.
- ☐ 나는 밥을 그릇에 푼다.
- ☐ 나는 냉장고를 연다.
- ☐ 나는 식탁에 앉는다.

나는 닦는다 식탁을

I clean the table.

나는 놓는다 수저를

I set the table*.

나는 연다 냉장고를

I open the refrigerator.

* set the table : 수저를 놓다. 상을 차리다.

나는 꺼낸다 반찬을

I take out side dishes.

나는 푼다 밥을 그릇에

I scoop rice into a bowl.

나는 앉는다 식탁에

I sit at the table*.

* at the table : 테이블이 있는 곳.(at : 지점)
on the table : 테이블 위에.(on : 접촉)

Practice 1 과거형으로 말해보기

I **cleaned** the table.

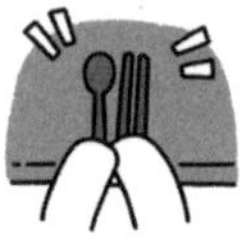

I **set** the table.

I **opened** the refrigerator.

I **took out** side dishes.

I **scooped** rice into a bowl.

I **sat at** the table.

Practice 2 3인칭으로 말해보기

He cleans the table.

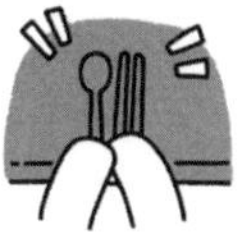

He sets the table.

He opens the refrigerator.

He takes out side dishes.

He scoops rice into a bowl.

He sits at the table.

Upgrade 1분 말하기

앞에서 배운 문장을 활용해 1분 스토리로 말해보세요.

- 나는 수저를 놓기 전에 식탁을 닦는다.

before

....

- 나는 반찬을 꺼내기 위해 냉장고를 연다.

to some

....

- 나는 갓 지은 밥을 그릇에 푸고 식탁에 앉는다.

freshly cooked

....

I clean the table before I set the table. I open the refrigerator to take out some side dishes. I scoop freshly cooked rice into a bowl and sit at the table.

· Chapter 5 ·

Picking an Outfit

영어로 바로 말할 수 있는 문장에 체크해보세요

☐ 나는 옷장을 둘러본다.

☐ 나는 상의를 고른다.

☐ 나는 하의를 꺼낸다.

☐ 나는 옷을 입는다.

☐ 나는 재킷의 지퍼를 올린다.

☐ 나는 양말을 신는다.

나는 둘러본다 옷장을

I look through my closet.

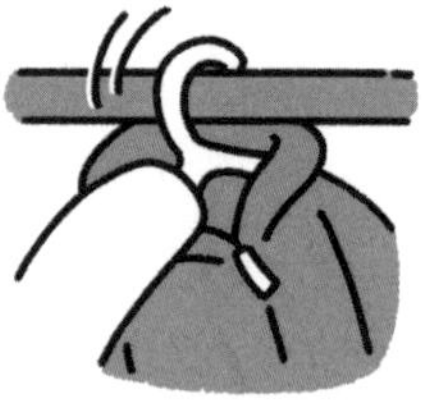

나는 고른다 상의를

I choose a top.

나는 꺼낸다 하의를

I take out a bottom.

나는 입는다 옷을

I put on my clothes.

나는 지퍼를 올린다 재킷의

I zip up* my jacket.

나는 신는다 양말을

I put on socks.

* zip up : 지퍼를 잠그다.
  unzip : 지퍼를 열다.

Practice 1 과거형으로 말해보기

I looked through my closet.

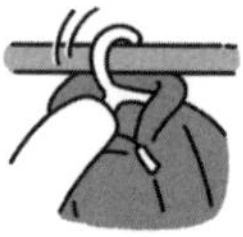

I chose a top.

I took out a bottom.

I put on my clothes.

I zipped up my jacket.

I put on socks.

Practice 2 3인칭으로 말해보기

She looks through her closet.

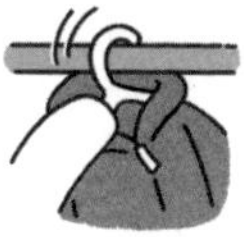

She chooses a top.

She takes out a bottom.

She puts on her clothes.

She zips up her jacket.

She puts on socks.

Upgrade 1분 말하기

앞에서 배운 문장을 활용해 1분 스토리로 말해보세요.

- 나는 옷장을 빠르게 둘러본다.

quickly.

- 나는 상의를 고르고 잘 어울리는 하의를 꺼낸다.

matching

- 나는 그것들을 입고 재킷의 지퍼를 올린다.

them

- 나는 깨끗한 양말을 신는다.

clean

I look through my closet quickly. I choose a top and take out a matching bottom. I put them on and zip up my jacket. I put on clean socks.

· Chapter 6 ·

Shopping Online

영어로 바로 말할 수 있는 문장에 체크해보세요

- ☐ 나는 상품을 고른다.
- ☐ 나는 장바구니로 간다.
- ☐ 나는 주문하기를 누른다.
- ☐ 나는 배송지를 입력한다.
- ☐ 나는 쿠폰을 사용한다.
- ☐ 나는 주문을 결제한다.

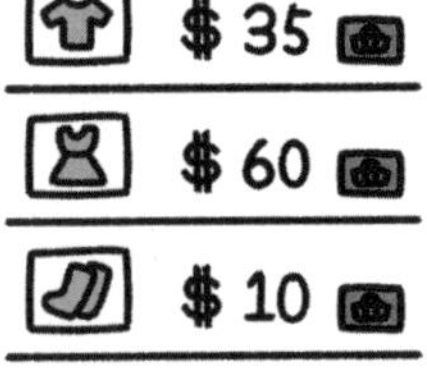

나는 고른다 상품을

I choose a product.

나는 간다 장바구니로

I go to the shopping cart.

나는 누른다 주문하기를

I click the order button.

나는 입력한다 배송지를

I enter the shipping address.

나는 사용한다 쿠폰을

I use a coupon.

나는 결제한다 주문을

I pay for the order.

Practice 1 과거형으로 말해보기

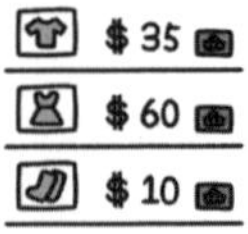

I **chose** a product.

I **went to** the shopping cart.

I **clicked** the order button.

I **entered** the shipping address.

I **used** a coupon.

I **paid for** the order.

Practice 2 3인칭으로 말해보기

He **chooses** a product.

He **goes to** the shopping cart.

He **clicks** the order button.

He **enters** the shipping address.

He **uses** a coupon.

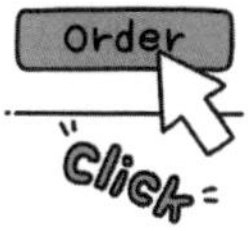

He **pays for** the order.

Upgrade 1분 말하기

앞에서 배운 문장을 활용해 1분 스토리로 말해보세요.

- 나는 내가 제일 좋아하는 쇼핑몰에서 상품을 고른다.

  .... on my favorite online store.

- 나는 장바구니로 가서 주문하기를 누른다.

  ....

- 그다음에 나는 배송지를 꼼꼼히 입력한다.

  Then .... carefully.

- 나는 항상 돈을 아끼기 위해서 쿠폰을 사용한다.

  I always .... to save money.

- 마지막으로 나는 주문을 결제한다.

  Finally, ...

I choose a product on my favorite online store. I go to the shopping cart and click the order button. Then I enter the shipping address carefully. I always use a coupon to save money. Finally, I pay for the order.

· Chapter 7 ·

Cleaning the House

영어로 바로 말할 수 있는 문장에 체크해보세요

- □ 나는 방을 환기시킨다.
- □ 나는 책상의 먼지를 턴다.
- □ 나는 물건을 치운다.
- □ 나는 청소기를 돌린다.
- □ 나는 가구를 재배치한다.
- □ 나는 바닥을 물걸레로 닦는다.

나는 환기시킨다 방을

I air out the room.

나는 치운다 물건을

I put things away.

나는 재배치한다 가구를

I rearrange* the furniture.

* arrange : 배치하다.
rearrange : 재배치하다.

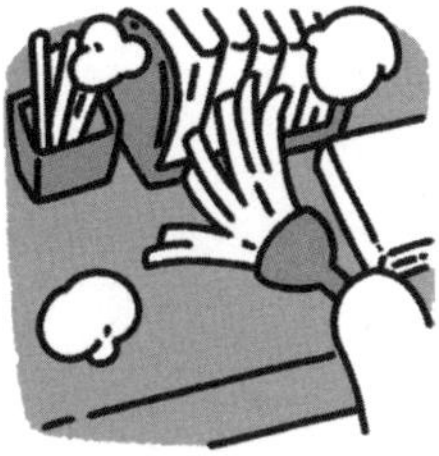

나는 먼지를 턴다 책상의

I dust the desk.

나는 청소기를 돌린다 (바닥을)

I vacuum* the floor.

나는 물걸레로 닦는다 바닥을

I mop the floor.

* vacuum : 진공청소기로 청소하다.
vacuum cleaner : 진공청소기.

Practice 1 과거형으로 말해보기

I aired out the room.

I put things away.

I rearranged the furniture.

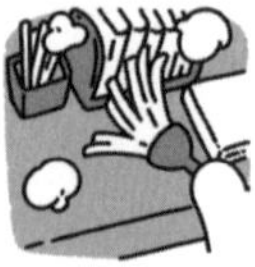

I dusted the desk.

I vacuumed the floor.

I moped the floor.

Practice 2 3인칭으로 말해보기

She **airs out** the room.

She **puts** things **away**.

She **rearranges** the furniture.

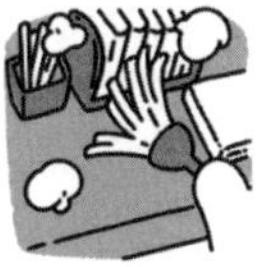

She **dusts** the desk.

She **vacuums** the floor.

She **mops** the floor.

Upgrade 1분 말하기

앞에서 배운 문장을 활용해 1분 스토리로 말해보세요.

- 제일 먼저 나는 방을 환기시킨다.

  Before anything, ...

- 나는 물건을 치우고 재미 삼아 가구를 재배치한다.

  .... for fun.

- 나는 책상의 먼지를 털고 청소기를 돌린다.

  ....

- 그다음에 나는 더 깨끗하게 하기 위해 바닥을 물걸레로 닦는다.

  Then .... for extra cleanliness.

Before anything, I air out the room. I put things away and rearrange the furniture for fun. I dust the desk and vacuum the floor. Then I mop the floor for extra cleanliness.

• Chapter 8 •

Taking a Rest

영어로 바로 말할 수 있는 문장에 체크해보세요

- ☐ 나는 하루 동안 쉰다.
- ☐ 나는 TV 채널을 돌린다.
- ☐ 나는 멍 때린다.
- ☐ 나는 간식을 먹는다.
- ☐ 나는 휴대폰을 가지고 논다.
- ☐ 나는 잠깐 존다.

나는 쉰다 하루 동안

I take a day off.

나는 멍 때린다

I zone out.

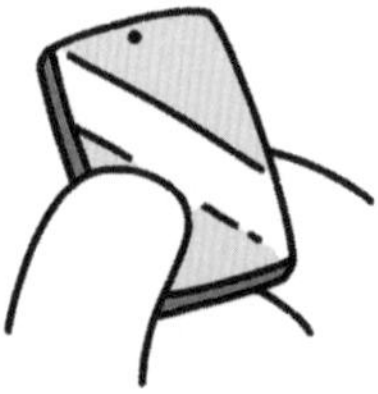

나는 가지고 논다 휴대폰을

I play with my cellphone.

나는 돌린다 TV 채널을

I flip through TV channels.

나는 먹는다 간식을

I munch* on snacks.

나는 잠깐 존다

I doze off.

* munch는 스낵과 같이 가벼운 간식을 먹을 때 즐겨 사용합니다.

Practice 1 과거형으로 말해보기

I took a day off.

I zoned out.

I played with my cellphone.

I flipped through TV channels.

I munched on snacks.

I dozed off.

Practice 2 3인칭으로 말해보기

He takes **a day** off.

He zones out.

He plays with **his cellphone.**

He flips through **TV channels.**

He munches on **snacks.**

He dozes off.

Upgrade 1분 말하기

앞에서 배운 문장을 활용해 1분 스토리로 말해보세요.

- 비 오는 날 나는 하루 동안 쉰다.

  .... on a rainy day.

- 나는 잠깐 멍 때린다.

  .... for a bit.

- 그다음에 나는 긴 시간 동안 휴대폰을 가지고 논다.

  Then .... for hours.

- 다음으로 나는 TV채널을 돌리고 간식을 먹는다.

  Next, ...

- 나는 중간중간 잠깐 존다.

  .... in between.

I take a day off on a rainy day. I zone out for a bit. Then I play with my cellphone for hours. Next, I flip through TV channels and munch on snacks. I doze off in between.

· Chapter 9 ·

Watching YouTube

영어로 바로 말할 수 있는 문장에 체크해보세요

- ☐ 나는 유튜브에 들어간다.
- ☐ 나는 검색을 한다.
- ☐ 나는 영상을 고른다.
- ☐ 나는 영상에 좋아요를 누른다.
- ☐ 나는 채널을 구독한다.
- ☐ 나는 댓글을 남긴다.

나는 들어간다 유튜브에

I go on* YouTube.

나는 검색을 한다 (무언가를)

I search for something.

나는 고른다 영상을

I pick a video.

* go on : 시작하다. 입장하다.
go to : (건물이나 장소로) 가다.

나는 좋아요를 누른다 영상에

I like the* video.

나는 구독한다 채널을

I subscribe to the channel.

나는 남긴다 댓글을

I leave a comment.

* the : 그, 그것.
앞 문장에서 나왔던 'a' video가 다시 등장하면 'the' video로 바뀝니다.

Practice 1 과거형으로 말해보기

I went on **YouTube.**

I searched for **something.**

I picked **a video.**

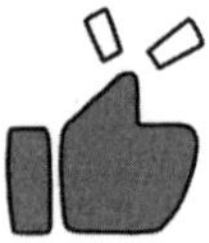

I liked **the video.**

I subscribed to **the channel.**

I left **a comment.**

Practice 2 3인칭으로 말해보기

She goes on **YouTube.**

She searches for **something.**

She picks **a video.**

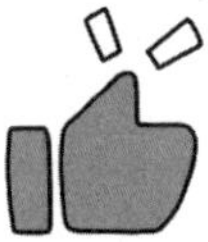

She likes **the video.**

She subscribes to **the channel.**

She leaves **a comment.**

Upgrade 1분 말하기

앞에서 배운 문장을 활용해 1분 스토리로 말해보세요.

- 나는 무언가를 검색하기 위해 유튜브에 들어간다.

  ……………………………………………………………………

- 나는 조회수가 가장 높은 영상을 고른다.

  the most watched ……………………………………………………………………

- 나는 영상에 좋아요를 누르고 채널을 구독한다.

  ……………………………………………………………………

- 나는 "대박"이라고 댓글을 남긴다.

  "Awesome!" ……………………………………………………………………

I go on YouTube to search for something. I pick the most watched video. I like the video and subscribe to the channel. I leave a comment, "Awesome!"

• Chapter 10 •

Training at Home

영어로 바로 말할 수 있는 문장에 체크해보세요

- ☐ 나는 매트를 깐다.
- ☐ 나는 자세를 유지한다.
- ☐ 나는 몸을 스트레칭한다.
- ☐ 나는 호흡을 조절한다.
- ☐ 나는 포즈를 취한다.
- ☐ 나는 거울로 나를 본다.

나는 깐다 매트를

I roll out the mat.

나는 스트레칭한다 몸을

I stretch my body.

나는 취한다 포즈를

I do the pose.

나는 유지한다 자세를

I hold my form.

나는 조절한다 호흡을

I control my breathing.

나는 본다 나를 거울로

I look at myself in the mirror.

Practice 1 과거형으로 말해보기

I **rolled out** the mat.

I **stretched** my body.

I **did** the pose.

I **held** my form.

I **controlled** my breathing.

I **looked at** myself in the mirror.

Practice 2 3인칭으로 말해보기

He rolls out the mat.

He stretches his body.

He does the pose.

He holds his form.

He controls his breathing.

He looks at himself in the mirror.

Upgrade 1분 말하기

앞에서 배운 문장을 활용해 1분 스토리로 말해보세요.

- 나는 거실에 매트를 깔고 처음 10분 동안 몸을 스트레칭한다.

  in the living room for the first 10 minutes.

- 나는 포즈를 취하고 각 자세를 30초 동안 유지한다.

  each pose for 30 seconds.

- 나는 호흡을 조절하려 노력한다.

  try to

- 요가를 한 후 나는 거울로 나를 본다.

  After the yoga training,

I roll out the mat in the living room and stretch my body for the first ten minutes. I do the pose and hold each pose for thirty seconds. I try to control my breathing. After the yoga training, I look at myself in the mirror.

• Chapter 11 •

Making a Phone Call

영어로 바로 말할 수 있는 문장에 체크해보세요

- ☐ 나는 휴대폰을 찾는다.
- ☐ 나는 휴대폰을 집어 든다.
- ☐ 나는 연락처를 뒤진다.
- ☐ 나는 통화 버튼을 누른다.
- ☐ 나는 친구와 수다를 떤다.
- ☐ 나는 전화를 끊는다.

나는 찾는다 휴대폰을

I look for my cellphone.

나는 집어 든다 휴대폰을

I pick up my cellphone.

나는 뒤진다 연락처를

I go through my contacts.

나는 누른다 통화 버튼을

I press the call button.

나는 수다를 떤다 친구와

I talk with my friend.

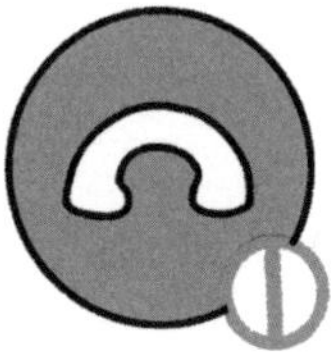

나는 끊는다 전화를

I end* the call.

* end the call : (휴대폰, 스마트폰의) 전화를 끊다.
hang up the phone : (아날로그 방식의) 수화기를 내려놓다.

Practice 1 과거형으로 말해보기

I looked for my cellphone.

I picked up my cellphone.

I went through my contacts.

I pressed the call button.

I talked with my friend.

I ended the call.

Practice 2 3인칭으로 말해보기

She looks for her cellphone.

She picks up her cellphone.

She goes through her contacts.

She presses the call button.

She talks with her friend.

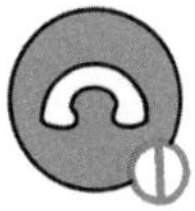

She ends the call.

Upgrade 1분 말하기

앞에서 배운 문장을 활용해 1분 스토리로 말해보세요.

- 나는 이곳저곳 휴대폰을 찾는다.

everywhere.

- 찾은 후에 나는 휴대폰을 집어 들고 연락처를 뒤진다.

After finding it,

- 나는 통화 버튼을 누르고 오랫동안 친구와 수다를 떤다.

for a while.

- 얘기를 나눈 후에 나는 전화를 끊는다.

After catching up,

I look for my cellphone everywhere. After finding it, I pick up my cellphone and go through my contacts. I press the call button and talk with my friend for a while. After catching up, I end the call.

· Chapter 12 ·

Doing the Laundry

영어로 바로 말할 수 있는 문장에 체크해보세요

- ☐ 나는 세탁기를 연다.
- ☐ 나는 옷을 넣는다.
- ☐ 나는 세제를 넣는다.
- ☐ 나는 세탁 코스를 선택한다.
- ☐ 나는 세탁기를 돌린다.
- ☐ 나는 빨래를 넌다.

나는 연다 세탁기를

I open the washing machine.

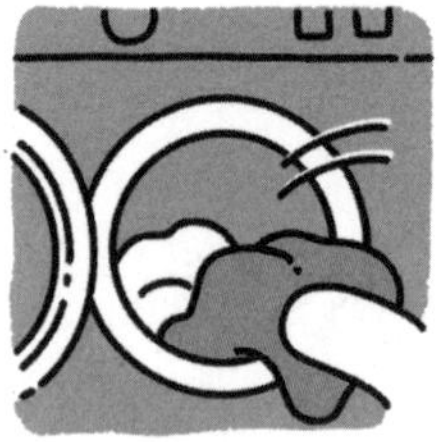

나는 넣는다 옷을

I put clothes in.

나는 넣는다 세제를

I put detergent in.

나는 선택한다 세탁 코스를

I choose the cycle.

나는 돌린다 세탁기를

I start the washing machine.

나는 넌다 빨래를

I hang the laundry.

Practice 1 과거형으로 말해보기

I opened the washing machine.

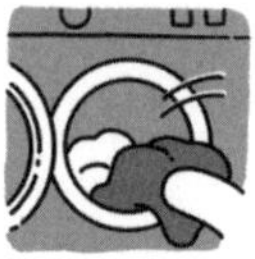

I put clothes in.

I put detergent in.

I chose the cycle.

I started the washing machine.

I hung the laundry.

Practice 2 3인칭으로 말해보기

He opens the washing machine.

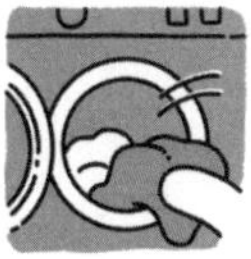

He puts clothes in.

He puts detergent in.

He chooses the cycle.

He starts the washing machine.

He hangs the laundry.

Upgrade 1분 말하기

앞에서 배운 문장을 활용해 1분 스토리로 말해보세요.

- 우선 나는 세탁기를 열고 옷을 넣는다.

  First ....

- 그다음에 나는 세제를 넣는다.

  Then ....

- 세탁 코스를 선택한 후 나는 세탁기를 돌린다.

  After ....

- 세탁이 끝나면 나는 빨래를 넌다.

  When the laundry is over, ...

First, I open the washing machine and put clothes in. Then I put detergent in. After choosing the cycle, I start the washing machine. When the laundry is over, I hang the laundry.

• Chapter 13 •

Using KakaoTalk

영어로 바로 말할 수 있는 문장에 체크해보세요

- ☐ 나는 카톡 소리를 듣는다.
- ☐ 나는 이모티콘을 보낸다.
- ☐ 나는 채팅방에 들어간다.
- ☐ 나는 친구 프로필을 확인한다.
- ☐ 나는 답장을 한다.
- ☐ 나는 스팸을 차단한다.

나는 듣는다 카톡 소리를

I hear a KakaoTalk alert.

나는 들어간다 채팅방에

I enter the chat room.

나는 답장을 한다

I reply back.

나는 보낸다 이모티콘을

I add an emoticon.

나는 확인한다 친구 프로필을

I check my friend's profile.

나는 차단한다 스팸을

I block a spammer*.

* spammer : 스팸 보내는 사람. spam : 광고성 메일.
영어는 '스팸 보내는 사람'을 차단한다고 표현합니다.

Practice 1 과거형으로 말해보기

I **heard** a KakaoTalk alert.

I **entered** the chat room.

I **replied back.**

I **added** an emoticon.

I **checked** my friend's profile.

I **blocked** a spammer.

Practice 2 3인칭으로 말해보기

She hears a KakaoTalk alert.

She enters the chat room.

She replies back.

She adds an emoticon.

She checks her friend's profile.

She blocks a spammer.

Upgrade 1분 말하기

앞에서 배운 문장을 활용해 1분 스토리로 말해보세요.

- 갑자기 나는 카톡 소리를 듣는다.

  Suddenly,

- 나는 답장을 하기 위해 친구와의 채팅방에 들어간다.

  of a friend to

- 나는 웃긴 이모티콘을 보낸다.

  funny

- 궁금한 마음에 나는 친구 프로필을 확인한다.

  Out of curiosity,

- 그다음에 나는 짜증나는 스팸을 차단한다.

  Then annoying

Suddenly, I hear a KakaoTalk alert. I enter the chat room of a friend to reply back. I add a funny emoticon. Out of curiosity, I check my friend's profile. Then I block an annoying spammer.

· Chapter 14 ·

Learning Online

영어로 바로 말할 수 있는 문장에 체크해보세요

- □ 나는 노트북을 켠다.
- □ 나는 나의 강의실로 간다.
- □ 나는 수업을 고른다.
- □ 나는 강의를 본다.
- □ 나는 강의를 멈춘다.
- □ 나는 필기를 한다.

나는 켠다 노트북을

I turn on my laptop.

나는 간다 나의 강의실로

I go to my class page.

나는 고른다 수업을

I choose my class.

나는 본다 강의를

I watch the video.

나는 멈춘다 강의를

I pause the video.

나는 한다 필기를

I take notes.

Practice 1 과거형으로 말해보기

I turned on my laptop.

I went to my class page.

I chose my class.

I watched the video.

I paused the video.

I took notes.

Practice 2 3인칭으로 말해보기

He **turns on** his laptop.

He **goes to** his class page.

He **chooses** his class.

He **watches** the video.

He **pauses** the video.

He **takes** notes.

Upgrade 1분 말하기

앞에서 배운 문장을 활용해 1분 스토리로 말해보세요.

- 제일 먼저 나는 노트북을 켠다.

To start out, ...

- 그다음에 나는 나의 강의실로 가서 수업을 고른다.

Then ....

- 나는 강의를 보는 데 집중한다.

concentrate on ....

- 나는 중간에 강의를 멈추고 중요한 내용을 기억하기 위해 노트를 한다.

in the middle to remember the key points. ....

To start out, I turn on my laptop. Then I go to my class page and choose my class. I concentrate on watching the video. I pause the video in the middle and take notes to remember the key points.

• Chapter 15 •

Reading a Book

영어로 바로 말할 수 있는 문장에 체크해보세요

- ☐ 나는 책을 고른다.
- ☐ 나는 메모를 한다.
- ☐ 나는 내용을 훑어본다.
- ☐ 나는 페이지에 책갈피를 끼운다.
- ☐ 나는 문장에 표시한다.
- ☐ 나는 책을 덮는다.

나는 고른다 책을

I pick a book.

나는 훑어본다 내용을

I skim through the book.

나는 표시한다 문장에

I mark a sentence.

나는 한다 메모를

I make a memo.

나는 책갈피를 끼운다 페이지에

I bookmark* a page.

나는 덮는다 책을

I close the book.

* bookmark : 책갈피. / 책갈피를 끼우다. (인터넷에서) 즐겨찾기 하다.

Practice 1 과거형으로 말해보기

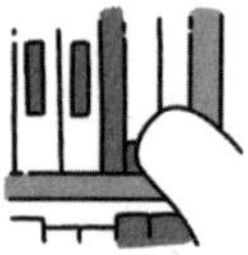

I picked a book.

I skimmed through the book.

I marked a sentence.

I made a memo.

I bookmarked a page.

I closed the book.

Practice 2 3인칭으로 말해보기

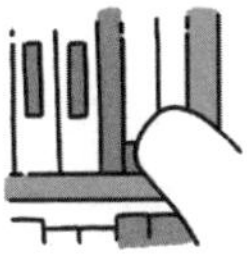

She picks a book.

She skims through the book.

She marks a sentence.

She makes a memo.

She bookmarks a page.

She closes the book.

Upgrade 1분 말하기

앞에서 배운 문장을 활용해 1분 스토리로 말해보세요.

- 책꽂이를 둘러본 후 나는 책을 고른다.

  After looking around the bookshelves, ...

- 나는 빠르게 내용을 훑어본다.

  .... quickly.

- 나는 중요해 보이는 문장에 표시한다.

  .... that might be important.

- 나는 노트에 메모를 한다.

  .... in my notebook.

- 나는 페이지에 책갈피를 끼우고 책을 덮는다.

  ....

After looking around the bookshelves, I pick a book. I skim through the book quickly. I mark a sentence that might be important. I make a memo in my notebook. I bookmark a page and close the book.

· Chapter 16 ·

Cooking Instant Food

영어로 바로 말할 수 있는 문장에 체크해보세요

- □ 나는 제품을 고른다.
- □ 나는 사용 방법을 읽는다.
- □ 나는 포장을 뜯는다.
- □ 나는 전자레인지에 음식을 넣는다.
- □ 나는 시간을 맞춘다.
- □ 나는 음식을 꺼낸다.

나는　고른다　제품을

I choose a package*.

나는　읽는다　사용 방법을

I read the instructions.

나는　뜯는다　포장을

I open the packaging*.

* package : 여행 패키지(호텔+항공+쇼핑), 도시락(밥+반찬+수저) 등과 같이 합쳐진 제품.
packaging : 포장재

나는 넣는다 음식을 전자레인지에

I put the food in the microwave.

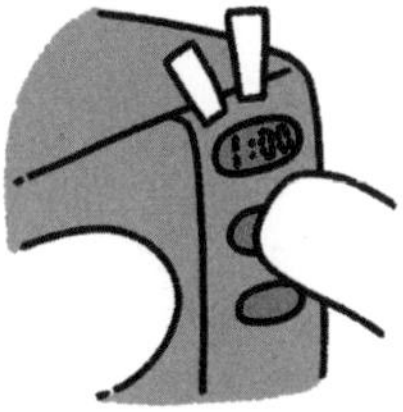

나는 맞춘다 시간을

I set the timer.

나는 꺼낸다 음식을

I take out the food.

Practice 1 과거형으로 말해보기

I chose a package.

I read the instructions.

I opened the packaging.

I put the food in the microwave.

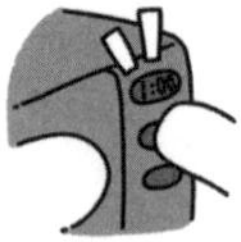

I set the timer.

I took out the food.

Practice 2 3인칭으로 말해보기

He chooses a package.

He reads the instructions.

He opens the packaging.

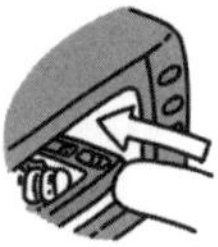

He puts the food in the microwave.

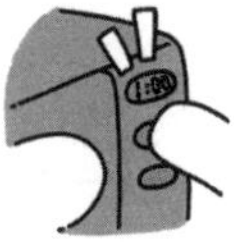

He sets the timer.

He takes out the food.

Upgrade 1분 말하기

앞에서 배운 문장을 활용해 1분 스토리로 말해보세요.

• 나는 찬장에서 제품을 고른다.

from the cupboard.

• 나는 사용 방법을 꼼꼼히 읽는다.

carefully.

• 나는 포장을 뜯고 음식을 전자레인지에 넣는다.

• 나는 시간을 맞추고 기다린다.

wait.

• 얼마 후에 나는 음식을 꺼내고 먹는다.

After some time, eat.

I choose a package from the cupboard. I read the instructions carefully. I open the packaging and put the food in the microwave. I set the timer and wait. After some time, I take out the food and eat.

• Chapter 17 •

Recycling

영어로 바로 말할 수 있는 문장에 체크해보세요

- □ 나는 쓰레기통을 비운다.
- □ 나는 플라스틱을 재활용한다.
- □ 나는 재활용품을 분리한다.
- □ 나는 음식물 쓰레기를 버린다.
- □ 나는 분리수거장으로 간다.
- □ 나는 헌 옷을 버린다.

나는 비운다 쓰레기통을

I empty my garbage can.

나는 분리한다 재활용품을

I sort out the recyclables.

나는 간다 분리수거장으로

I go to the disposal area.

나는 재활용한다 플라스틱을

I recycle plastics.

나는 버린다 음식물 쓰레기를

I throw away* food waste.

나는 버린다 헌 옷을

I give away old clothes.**

* throw away : (음식물) 버리다.(재사용하지 않는 느낌)

** give away : (의류) 버리다. 거저 주다.

Practice 1 과거형으로 말해보기

I **emptied** my garbage can.

I **sorted out** the recyclables.

I **went to** the disposal area.

I **recycled** plastics.

I **threw away** food waste.

I **gave away** old clothes.

Practice 2 3인칭으로 말해보기

She empties her garbage can.

She sorts out the recyclables.

She goes to the disposal area.

She recycles plastics.

She throws away food waste.

She gives away old clothes.

Upgrade 1분 말하기

앞에서 배운 문장을 활용해 1분 스토리로 말해보세요.

- 나는 꽉 찬 쓰레기통을 비운다.

  .... that is full.

- 나는 먼저 재활용품을 분리하고 분리수거장으로 간다.

  .... first ....

- 나는 가방에 가득 담긴 플라스틱을 재활용한다.

  .... a bag full of ....

- 마지막으로 나는 음식물 쓰레기를 버린다.

  Lastly, ...

- 나는 헌 옷을 버리는 것도 잊지 않는다.

  .... make sure to .... as well.

I empty my garbage can that is full. I sort out the recyclables first and go to the disposal area. I recycle a bag full of plastics. Lastly, I throw away food waste. I make sure to give away old clothes as well.

· Chapter 18 ·

Growing a Plant

영어로 바로 말할 수 있는 문장에 체크해보세요

- ☐ 나는 식물을 분갈이한다.
- ☐ 나는 잎을 다듬는다.
- ☐ 나는 식물에 비료를 준다.
- ☐ 나는 잎을 닦는다.
- ☐ 나는 식물에 물을 준다.
- ☐ 나는 식물을 감상한다.

나는 분갈이한다 식물을

I repot* a plant.

나는 준다 비료를 식물에

I give fertilizer to the plant.

나는 물을 준다 식물에

I water the plant.

* pot : 항아리. / 항아리에 심다.
repot : 큰 화분에 옮겨 심다.

나는 다듬는다 잎을

I trim the leaves.

나는 닦는다 잎을

I wipe the leaves.

나는 감상한다 식물을

I cherish* my plant.

* cherish : 소중히 여기다. 마음속에 간직하다.

Practice 1 과거형으로 말해보기

I repoted a plant.

I gave fertilizer to the plant.

I watered the plant.

I trimmed the leaves.

I wiped the leaves.

I cherished my plant.

Practice 2 3인칭으로 말해보기

He repots a plant.

He gives fertilizer to the plant.

He waters the plant.

He trims the leaves.

He wipes the leaves.

He cherishes his plant.

Upgrade 1분 말하기

앞에서 배운 문장을 활용해 1분 스토리로 말해보세요.

- 나는 조심스럽게 식물을 분갈이한다.

  .... carefully.

- 그다음에 나는 식물에 알맞은 양의 비료를 준다.

  Then .... the right amount of ....

- 나는 식물에 필요한 만큼 물을 준다.

  .... as needed.

- 나는 가능한 자주 잎을 다듬는다.

  .... as often as I can.

- 나는 잎을 닦고 식물을 감상한다.

  ....

I repot a plant carefully. Then I give it the right amount of fertilizer. I water the plant as needed. I trim the leaves as often as I can. I wipe the leaves and cherish my plant.

• Chapter 19 •

Getting a Delivery

영어로 바로 말할 수 있는 문장에 체크해보세요

- ☐ 나는 도착 메시지를 받는다.
- ☐ 나는 제품 상태를 확인한다.
- ☐ 나는 택배를 가져온다.
- ☐ 나는 박스를 접는다.
- ☐ 나는 테이프를 뜯는다.
- ☐ 나는 운송장을 뜯는다.

나는 받는다 도착 메시지를

I get a delivery message.

나는 가져온다 택배를

I pick up my delivery.

나는 뜯는다 테이프를

I peel off* the tape.

* peel off : 조심스럽게 떼어내는 느낌.

** tear off : 찢는 느낌.

나는 확인한다 제품 상태를

I check the contents*.

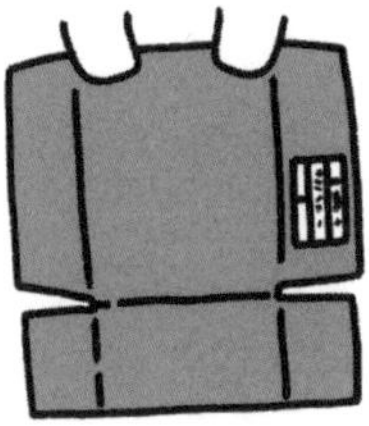

나는 접는다 박스를

I fold the box.

나는 뜯는다 운송장을

I tear off the paperwork.**

* contents : (어떤 것의) 속에 든 것들. 내용물. 제품 상태.

Practice 1 과거형으로 말해보기

I **got** a delivery message.

I **picked up** my delivery.

I **peeled off** the tape.

I **checked** the contents.

I **folded** the box.

I **tore off** the paperwork.

Practice 2 3인칭으로 말해보기

She gets a delivery message.

She picks up her delivery.

She peels off the tape.

She checks the contents.

She folds the box.

She tears off the paperwork.

Upgrade 1분 말하기

앞에서 배운 문장을 활용해 1분 스토리로 말해보세요.

• 나는 휴대폰으로 도착 메시지를 받는다.

on my phone.

• 나는 얼른 택배를 가져온다.

right away.

• 나는 박스에서 테이프를 뜯고 제품 상태를 확인한다.

from the box

• 그다음에 나는 공간을 아끼기 위해서 박스를 접는다.

Then to save space.

• 나는 커터 칼로 운송장을 뜯는다.

with a box-cutter.

I get a delivery message on my phone. I pick up my delivery right away. I peel off the tape from the box and check the contents. Then I fold the box to save space. I tear off the paperwork with a box-cutter.

• Chapter 20 •

Internet Banking

영어로 바로 말할 수 있는 문장에 체크해보세요

- ☐ 나는 뱅킹 앱을 연다.
- ☐ 나는 받는 사람을 선택한다.
- ☐ 나는 송금 버튼을 누른다.
- ☐ 나는 금액을 입력한다.
- ☐ 나는 승인을 누른다.
- ☐ 나는 지문을 인식한다.

나는 연다 뱅킹 앱을

I open my banking app.

나는 선택한다 받는 사람을

I select a recipient.

나는 누른다 송금 버튼을

I press the transfer button.

나는 입력한다 금액을

I enter the amount.

나는 누른다 승인을

I press confirm.

나는 인식한다 지문을

I verify* my fingerprint.

* verify : 확인하다. 입증하다.
나의 지문을 확인, 입증한다는 의미로 verify를 사용합니다.

Practice / 과거형으로 말해보기

I opened **my banking app.**

I selected **a recipient.**

I pressed **the transfer button.**

I entered **the amount.**

I pressed **confirm.**

I verified **my fingerprint.**

Practice 2 3인칭으로 말해보기

He opens his banking app.

He selects a recipient.

He presses the transfer button.

He enters the amount.

He presses confirm.

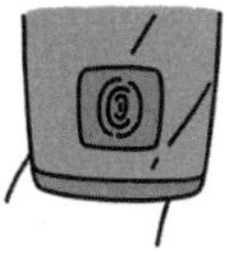

He verifies his fingerprint.

Upgrade 1분 말하기

앞에서 배운 문장을 활용해 1분 스토리로 말해보세요.

- 나는 휴대폰에서 뱅킹 앱을 연다.

  .... on my phone.

- 나는 받는 사람을 선택하고 송금 버튼을 누른다.

  ....

- 나는 조심스럽게 금액을 입력한다.

  .... carefully.

- 다시 내용을 확인한 후에 나는 승인을 누른다.

  After doublechecking the details, ...

- 안전을 위해서 나는 지문을 인식한다.

  For safety, ...

I open my banking app on my phone. I select a recipient and press the transfer button. I enter the amount carefully. After doublechecking the details, I press confirm. For safety, I verify my fingerprint.

• Chapter 21 •

Ordering Food

영어로 바로 말할 수 있는 문장에 체크해보세요

- ☐ 나는 메뉴를 검색한다.
- ☐ 나는 장바구니에 메뉴를 넣는다.
- ☐ 나는 별점을 확인한다.
- ☐ 나는 요청 사항을 쓴다.
- ☐ 나는 리뷰를 본다.
- ☐ 나는 음식을 주문한다.

나는 검색한다 메뉴를

I type in a dish*.

나는 확인한다 별점을

I check the ratings.

나는 본다 리뷰를

I go through the reviews.

* a dish : a menu item
a dish가 모여 menu(요리, 여러 음식들)가 됩니다.

나는 넣는다 메뉴를 장바구니에

I add* the dish to the shopping cart.

나는 쓴다 요청 사항을

I write my special request.

나는 주문한다 음식을

I order my food.

* add : 추가하다.
요리와 마실 것 등 여러 품목들을 더해가는 느낌입니다.

Practice 1 과거형으로 말해보기

I **typed in** a dish.

I **checked** the ratings.

I **went through** the reviews.

I **added** the dish to the shopping cart.

I **wrote** my special request.

I **ordered** my food.

Practice 2 3인칭으로 말해보기

She **types in** a dish.

She **checks** the ratings.

She **goes through** the reviews.

She **adds** the dish to the shopping cart.

She **writes** her special request.

She **orders** her food.

Upgrade 1분 말하기

앞에서 배운 문장을 활용해 1분 스토리로 말해보세요.

- 나는 앱에서 메뉴를 검색한다.

on the app.

- 나는 음식점들의 별점을 확인한다.

of the restaurants.

- 리뷰를 본 후에 나는 장바구니에 메뉴를 넣는다.

After

- 나는 "양파 빼주세요"라고 요청 사항을 쓴다.

"No onions, please".

- 마지막으로 나는 음식을 주문한다.

Finally,

I type in a dish on the app. I check the ratings of the restaurants. After going through the reviews, I add the dish to the shopping cart. I write my special request, "No onions, please". Finally, I order my food.

· Chapter 22 ·

Watching Netflix

영어로 바로 말할 수 있는 문장에 체크해보세요

- ☐ 나는 넷플릭스를 실행한다.
- ☐ 나는 '킹덤' 시즌1을 재생한다.
- ☐ 나는 추천 콘텐츠를 확인한다.
- ☐ 나는 자막을 켠다.
- ☐ 나는 콘텐츠를 찜한다.
- ☐ 나는 다음 에피소드로 넘어간다.

나는 실행한다 넷플릭스를

I start the Netflix app.

나는 확인한다 추천 콘텐츠를

I look at my recommended videos*.

나는 찜한다 콘텐츠를

I add videos to my list.

* 이 상황에서는 contents보다는 구체적인 영상물을 말하는 videos를 사용하는 것이 더 자연스럽습니다.

나는 재생한다 '킹덤' 시즌1을

I play 'Kingdom' season* 1.

나는 켠다 자막을

I turn on the subtitles.

나는 넘어간다 다음 에피소드로

I go onto the next episode.**

*/** episode(1회 방송분)가 모여서 season이 됩니다.
하나의 시즌은 여러 개의 에피소드로 구성되어 있습니다.

I started the Netflix app.

I looked at my recommended videos.

I added videos to my list.

I played 'Kingdom' season 1.

I turned on the subtitles.

I went onto the next episode.

Practice 2 3인칭으로 말해보기

He starts the Netflix app.

He looks at his recommended videos.

He adds videos to his list.

He plays 'Kingdom' season 1.

He turns on the subtitles.

He goes onto the next episode.

Upgrade 1분 말하기

앞에서 배운 문장을 활용해 1분 스토리로 말해보세요.

- 나는 넷플릭스를 실행하고 추천 콘텐츠를 확인한다.

   ……………………………………………………

- 나는 나중에 보기 위해서 콘텐츠를 찜한다.

   …………………………… to watch them later.

- 그다음에 나는 미드를 재생하고 자막을 켠다.

   Then …………… an American TV series ……………………

- 다음 날 나는 다음 에피소드로 넘어간다.

   The next day, ……………………………………

I start the Netflix app and look at my recommended videos. I add videos to my list to watch them later. Then I play an American TV series and turn on the subtitles. The next day, I go onto the next episode.

• Chapter 23 •

Taking a Shower

영어로 바로 말할 수 있는 문장에 체크해보세요

- ☐ 나는 물을 튼다.
- ☐ 나는 머리를 적신다.
- ☐ 나는 머리에 샴푸를 한다.
- ☐ 나는 머리를 헹군다.
- ☐ 나는 내 몸의 때를 민다.
- ☐ 나는 물기를 닦는다.

나는 튼다 물을

I turn on the water.

나는 적신다 머리를

I wet my hair.

나는 샴푸를 한다 머리에

I shampoo my hair.

나는 헹군다 머리를

I rinse my hair.

나는 때를 민다 내 몸의

I scrub my body.

나는 물기를 닦는다

I towel-dry*.

* towel-dry : 수건으로 닦아서 말리다.
air-dry : 자연 건조시키다.

Practice 1 과거형으로 말해보기

I turned on the water.

I wet my hair.

I shampooed my hair.

I rinsed my hair.

I scrubbed my body.

I towel-dried.

Practice 2 3인칭으로 말해보기

She turns on the water.

She wets her hair.

She shampoos her hair.

She rinses her hair.

She scrubs her body.

She towel-dries.

Upgrade 1분 말하기

앞에서 배운 문장을 활용해 1분 스토리로 말해보세요.

- 나는 물을 적당한 온도로 튼다.

  .... to the right temperature.

- 나는 샴푸를 하기 전에 머리를 적신다.

  .... before ....

- 그다음에 나는 머리를 잘 헹군다.

  Then .... well.

- 나는 내 몸 구석구석 때를 민다.

  .... all over.

- 샤워 후에 나는 물기를 닦는다.

  After the shower, ...

I turn on the water to the right temperature. I wet my hair before shampooing my hair. Then I rinse my hair well. I scrub my body all over. After the shower, I towel-dry.

• Chapter 24 •

Playing with My Dog

영어로 바로 말할 수 있는 문장에 체크해보세요

- □ 나는 강아지를 부른다.
- □ 나는 강아지에게 간식을 준다.
- □ 나는 강아지에게 밥을 준다.
- □ 나는 강아지 발톱을 깎는다.
- □ 나는 강아지의 배변 훈련을 시킨다.
- □ 나는 강아지를 쓰다듬어준다.

나는 부른다 강아지를

I call my dog.

나는 밥을 준다 강아지에게

I feed* my dog.

나는 배변 훈련을 시킨다 강아지의

I potty-train my dog.

* feed : 먹을 것을 먹여주다.
'feed + 사람, 동물'로 활용해보세요.

나는 준다 강아지에게 간식을

I give my dog a treat.

나는 깎는다 강아지 발톱을

I cut my dog's claws.

나는 쓰다듬어준다 강아지를

I pet* my dog.

* pet : 애완동물. / 어루만지다. 쓰다듬다.

Practice 1 과거형으로 말해보기

I called my dog.

I fed my dog.

I potty-trained my dog.

I gave my dog a treat.

I cut my dog's claws.

I petted my dog.

Practice 2 3인칭으로 말해보기

He calls his dog.

He feeds his dog.

He potty-trains his dog.

He gives his dog a treat.

He cuts his dog's claws.

He pets his dog.

Upgrade 1분 말하기

앞에서 배운 문장을 활용해 1분 스토리로 말해보세요.

• 집에 도착하면 나는 강아지를 부른다.

When I get home, ...

• 그다음에 나는 강아지에게 밥을 준다.

Then ....

• 가끔씩 나는 배변 훈련을 시키고 칭찬으로 강아지에게 간식을 준다.

From time to time, ... as a compliment.

• 매달 나는 강아지 발톱을 깎는다.

Every month, ...

• 나는 사랑을 담아 강아지를 쓰다듬어준다.

.... with love.

When I get home, I call my dog. Then I feed my dog. From time to time, I potty-train my dog and give my dog a treat as a compliment. Every month, I cut my dog's claws. I pet my dog with love.

• Chapter 25 •

Posting on Instagram

영어로 바로 말할 수 있는 문장에 체크해보세요

- ☐ 나는 피드를 스크롤한다.
- ☐ 나는 예나에게 디엠을 보낸다.
- ☐ 나는 사진에 좋아요를 누른다.
- ☐ 나는 사진을 올린다.
- ☐ 나는 예나를 팔로한다.
- ☐ 나는 해시태그를 단다.

나는 스크롤한다 피드를

I scroll through my feed.

나는 좋아요를 누른다 사진에

I like* a picture.

나는 팔로한다 예나를

I follow Yena.

* SNS에서 like는 '좋아요를 누르다'라는 의미입니다.

나는 디엠을 보낸다 예나에게

I DM* Yena.

나는 올린다 사진을

I post a picture.

나는 단다 해시태그를

I add a hashtag.

* DM : direct message
쪽지. / 쪽지를 보내다.

Practice 1 과거형으로 말해보기

I scrolled through my feed.

I liked a picture.

I followed Yena.

I DMed Yena.

I posted a picture.

I added a hashtag.

Practice 2 3인칭으로 말해보기

She scrolls through her feed.

She likes a picture.

She follows Yena.

She DMs Yena.

She posts a picture.

She adds a hashtag.

Upgrade 1분 말하기

앞에서 배운 문장을 활용해 1분 스토리로 말해보세요.

- 나는 인스타그램 피드를 스크롤한다.

  on Instagram.

- 나는 누군가 올린 사진에 좋아요를 누른다.

  someone posted.

- 나는 내가 아는 여자를 팔로하고 그녀에게 디엠을 보낸다.

  a girl I know

- 나는 힙한 카페 사진을 올린다.

  of a hip cafe.

- 그다음에 나는 재미있는 해시태그를 단다.

  Then funny

I scroll through my feed on Instagram. I like a picture someone posted. I follow a girl I know and DM her. I post a picture of a hip cafe. Then I add a funny hashtag.

• Chapter 26 •

Drinking Wine

영어로 바로 말할 수 있는 문장에 체크해보세요

- ☐ 나는 라벨을 읽는다.
- ☐ 나는 코르크를 딴다.
- ☐ 나는 잔에 따른다.
- ☐ 나는 잔을 돌린다.
- ☐ 나는 와인 향을 맡는다.
- ☐ 나는 와인을 맛본다.

나는 읽는다 라벨을

I read the label.

나는 코르크를 딴다

I uncork* the bottle.

나는 따른다 잔에

I pour a glass.

* 와인병을 딸 때는 uncork를, 일반 병을 딸 때는 open을 사용합니다.

나는 돌린다 잔을

I swirl the glass.

나는 맡는다 와인 향을

I sniff the wine.

나는 맛본다 와인을

I sip* the wine.

* sip은 소량을 조금씩 마시거나 홀짝거리는 느낌입니다.

Practice 1 과거형으로 말해보기

I **read** the label.

I **uncorked** the bottle.

I **poured** a glass.

I **swirled** the glass.

I **sniffed** the wine.

I **sipped** the wine.

Practice 2 3인칭으로 말해보기

He reads the label.

He uncorks the bottle.

He pours a glass.

He swirls the glass.

He sniffs the wine.

He sips the wine.

Upgrade 1분 말하기

앞에서 배운 문장을 활용해 1분 스토리로 말해보세요.

• 와인 한 병을 산 후 나는 라벨을 읽는다.

After getting a bottle of wine,

• 그다음에 나는 코르크를 따고 잔에 따른다.

Then

• 나는 들고 있는 잔을 돌린다.

in my hand.

• 나는 눈을 감고 와인 향을 맡는다.

with my eyes closed.

• 드디어 나는 와인을 맛본다.

Finally,

After getting a bottle of wine, I read the label. Then I uncork the bottle and pour a glass. I swirl the glass in my hand. I sniff the wine with my eyes closed. Finally, I sip the wine.

Part 2

OUTDOOR

• Chapter 27 •

Walking My Dog

영어로 바로 말할 수 있는 문장에 체크해보세요

- ☐ 나는 강아지에게 목줄을 채운다.
- ☐ 나는 강아지 배변을 치운다.
- ☐ 나는 배변 봉투를 챙긴다.
- ☐ 나는 목줄을 느슨하게 한다.
- ☐ 나는 강아지를 산책시킨다.
- ☐ 나는 강아지를 쫓아간다.

나는 채운다 목줄을 강아지에게

I put a collar ** **on my dog.**

나는 챙긴다 배변 봉투를

I bring a poop bag.

나는 산책시킨다 강아지를

I walk* my dog.

* walk : 산책. / 산책하다. (동물을) 산책시키다.

나는 치운다 강아지 배변을

I pick up dog poop.

나는 느슨하게 한다 목줄을

I loosen the leash*.

나는 쫓아간다 강아지를

I chase after my dog.

* leash : 사람이 손에 쥐는 줄.

** collar : 강아지 목에 채우는 줄.

Practice 1 과거형으로 말해보기

I put a collar on my dog.

I brought a poop bag.

I walked my dog.

I picked up dog poop.

I loosened the leash.

I chased after my dog.

Practice 2 3인칭으로 말해보기

She puts a collar on her dog.

She brings a poop bag.

She walks her dog.

She picks up dog poop.

She loosens the leash.

She chases after her dog.

Upgrade 1분 말하기

앞에서 배운 문장을 활용해 1분 스토리로 말해보세요.

- 우선 나는 강아지에게 목줄을 채운다.

  Before anything, ……………………………………

- 나는 배변 봉투를 챙긴다.

  ……………………………………

- 밖에서 강아지를 산책시킬 때 나는 강아지 배변을 치워야 한다.

  When ………… outside, ………… have to ……………

- 어떨 때는 목줄을 느슨하게 해주고 강아지를 쫓아간다.

  Sometimes ……………………………………

Before anything, I put a collar on my dog. I bring a poop bag. When I walk my dog outside, I have to pick up dog poop. Sometimes I loosen the leash and chase after my dog.

• Chapter 28 •

Going to the Gym

영어로 바로 말할 수 있는 문장에 체크해보세요

- ☐ 나는 헬스장에 간다.
- ☐ 나는 운동복으로 갈아입는다.
- ☐ 나는 몸을 푼다.
- ☐ 나는 유산소 운동을 한다.
- ☐ 나는 웨이트를 한다.
- ☐ 나는 땀을 닦는다.

나는 간다 헬스장에

I go to the gym.

나는 갈아입는다 운동복으로

I change into* gym clothes.

나는 푼다 몸을

I warm up my body.

* change into : ~으로 갈아입다.

나는 한다 유산소 운동을

I do cardio.

나는 한다 웨이트를

I lift weights*.

나는 닦는다 땀을

I wipe off my sweat.

* lift(들다) + weights(무게 나가는 운동기구)
'웨이트를 하다'로 통째로 외우면 좋습니다.

Practice 1 과거형으로 말해보기

I went to the gym.

I changed into gym clothes.

I warmed up my body.

I did cardio.

I lifted weights.

I wiped off my sweat.

Practice 2 3인칭으로 말해보기

He goes to **the gym.**

He changes into **gym clothes.**

He warms up **his body.**

He does **cardio.**

He lifts **weights.**

He wipes off **his sweat.**

Upgrade 1분 말하기

앞에서 배운 문장을 활용해 1분 스토리로 말해보세요.

- 나는 헬스장에 간다.

  ....

- 도착 후 나는 운동복으로 갈아입고 몸을 푼다.

  After I arrive, ...

- 그다음에 나는 유산소 운동을 20분 동안 한다.

  Then .... for 20 minutes.

- 또한 나는 근육을 만들기 위해서 웨이트를 한다.

  Also, ... to build muscle.

- 끝나면 나는 땀을 닦는다.

  When I'm done, ...

I go to the gym. After I arrive, I change into gym clothes and warm up my body. Then I do cardio for twenty minutes. Also, I lift weights to build muscle. When I'm done, I wipe off my sweat.

• Chapter 29 •

Riding a Bike

영어로 바로 말할 수 있는 문장에 체크해보세요

- ☐ 나는 자전거의 잠금장치를 푼다.
- ☐ 나는 자전거 페달을 돌린다.
- ☐ 나는 자전거에 앉는다.
- ☐ 나는 기어를 바꾼다.
- ☐ 나는 헬멧을 쓴다.
- ☐ 나는 자전거를 세운다.

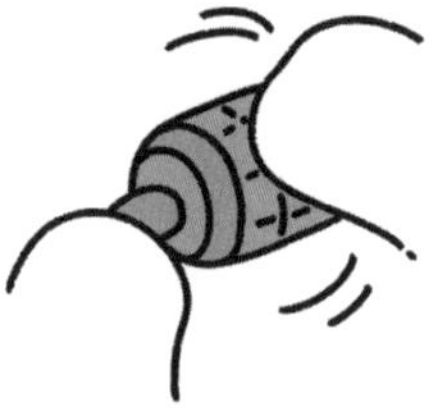

나는 잠금장치를 푼다 자전거의

I unlock* my bike.

나는 앉는다 자전거에

I sit on my bike.

나는 쓴다 헬멧을

I put on my helmet.

* lock : (자물쇠로) 잠그다.
unlock : 열다. (잠금장치를) 풀다.

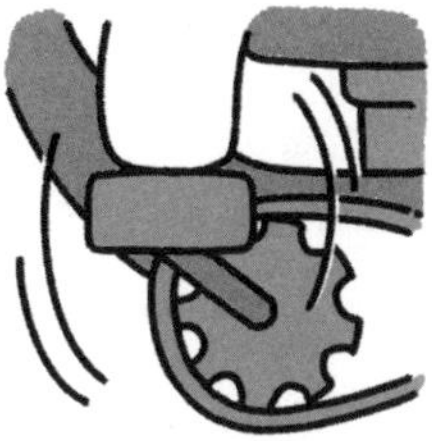

나는 페달을 돌린다 자전거

I pedal my bike.

나는 바꾼다 기어를

I change gears.

나는 세운다 자전거를

I park my bike.

Practice 1 과거형으로 말해보기

I unlocked my bike.

I sat on my bike.

I put on my helmet.

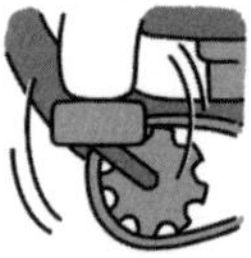

I pedalled my bike.

I changed gears.

I parked my bike.

Practice 2 3인칭으로 말해보기

She unlocks her bike.

She sits on her bike.

She puts on her helmet.

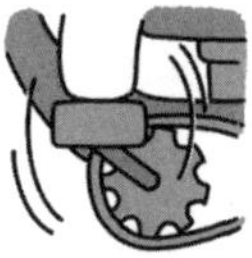

She pedals her bike.

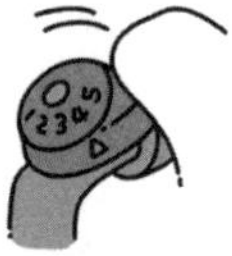

She changes gears.

She parks her bike.

Upgrade 1분 말하기

앞에서 배운 문장을 활용해 1분 스토리로 말해보세요.

- 먼저 나는 자전거의 잠금장치를 푼다.

First, ...

- 나는 자전거에 앉아서 헬멧을 쓴다.

....

- 나는 출발하기 위해 자전거 페달을 돌린다.

.... to get going.

- 그다음에 나는 기어를 바꾼다.

Then ....

- 다 타고 나서 나는 자전거를 세운다.

After my ride, ...

First, I unlock my bike. I sit on my bike and put on my helmet. I pedal my bike to get going. Then I change gears. After my ride, I park my bike.

· Chapter 30 ·

Using a Coin Karaoke

영어로 바로 말할 수 있는 문장에 체크해보세요

- ☐ 나는 동전을 넣는다.
- ☐ 나는 가사를 본다.
- ☐ 나는 노래를 검색한다.
- ☐ 나는 노래를 따라 부른다.
- ☐ 나는 BTS 노래를 예약한다.
- ☐ 나는 음악에 맞춰 춤을 춘다.

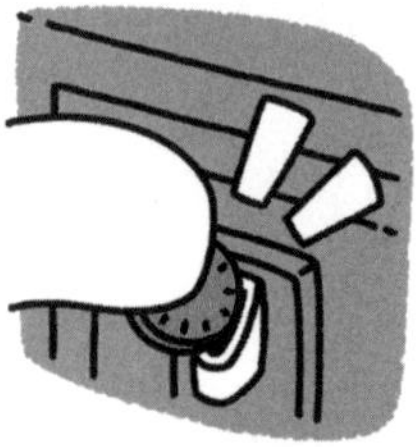

나는 넣는다 동전을

I insert a coin.

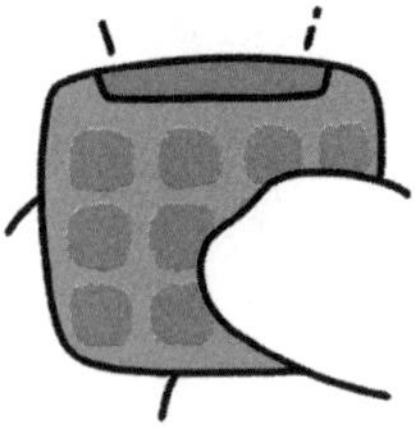

나는 검색한다 노래를

I search for a song.

나는 예약한다 BTS 노래를

I queue* a BTS song.

* queue에는 '줄, 대기 행렬을 만들다'라는 의미가 있어 노래방에서 노래를 예약할 때 사용합니다. reserve는 시간, 장소 등을 예약할 때 사용합니다.

나는 본다 가사를

I look at the lyrics.

나는 노래를 따라 부른다

I sing along.

나는 맞춰 춤을 춘다 음악에

I dance to the music.

PART 02 OUTDOOR

Practice 1 과거형으로 말해보기

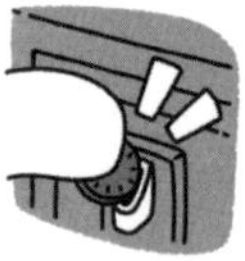

I inserted **a coin.**

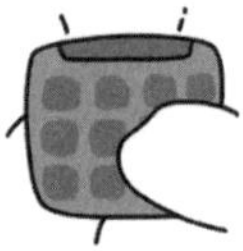

I searched for **a song.**

I queued **a BTS song.**

I looked at **the lyrics.**

I sang along.

I danced to **the music.**

Practice 2 3인칭으로 말해보기

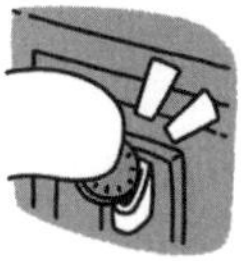

He inserts a coin.

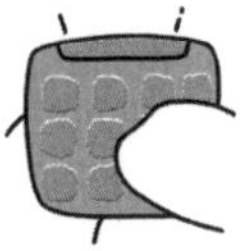

He searches for a song.

He queues a BTS song.

He looks at the lyrics.

He sings along.

He dances to the music.

Upgrade 1분 말하기

앞에서 배운 문장을 활용해 1분 스토리로 말해보세요.

• 나는 기계에 동전을 넣는다.

into the machine.

....

• 나는 노래를 검색하고 나서 내가 좋아하는 BTS 노래를 예약한다.

and then I like.

....

• 나는 가사를 보고 노래를 따라 부른다.

....

• 나는 친구들과 음악에 맞춰 춤을 춘다.

with my friends.

....

I insert a coin into the machine. I search for a song and then I queue a BTS song I like. I look at the lyrics and I sing along. I dance to the music with my friends.

• Chapter 31 •

Getting a Coffee To-Go

영어로 바로 말할 수 있는 문장에 체크해보세요

- ☐ 나는 커피를 주문한다.
- ☐ 나는 빨대를 깐다.
- ☐ 나는 커피를 가져간다.
- ☐ 나는 커피를 젓는다.
- ☐ 나는 컵 홀더를 끼운다.
- ☐ 나는 한 모금을 마신다.

나는 주문한다 커피를

I order a coffee*.

나는 가져간다 커피를

I pick up my coffee.

나는 끼운다 컵 홀더를

I put on a coffee sleeve.

* a coffee, a cup of coffee 모두 커피 한 잔을 의미합니다.

나는 깐다 빨대를

I unwrap a straw.

나는 젓는다 커피를

I stir my coffee.

나는 마신다 한 모금을

I take a sip*.

* sip은 '(소량을) 마시다'의 의미와 take a sip과 같이 '소량, 한 모금'의 의미를 모두 가지고 있습니다.

Practice 1 과거형으로 말해보기

I **ordered** a coffee.

I **picked up** my coffee.

I **put on** a coffee sleeve.

I **unwrapped** a straw.

I **stirred** my coffee.

I **took** a sip.

Practice 2 3인칭으로 말해보기

She orders a coffee.

She picks up her coffee.

She puts on a coffee sleeve.

She unwraps a straw.

She stirs her coffee.

She takes a sip.

Upgrade 1분 말하기

앞에서 배운 문장을 활용해 1분 스토리로 말해보세요.

- 카페에 도착한 후 나는 커피를 주문한다.

  After I get to a cafe,

- 내 이름이 들리면 나는 커피를 가져간다.

  When I hear my name,

- 나는 컵 홀더를 끼우고 빨대를 깐다.

- 그다음에 나는 커피를 젓는다.

  Then

- 마지막으로 나는 한 모금을 마신다.

  At last,

After I get to a cafe, I order a coffee. When I hear my name, I pick up my coffee. I put on a coffee sleeve and unwrap a straw. Then I stir my coffee. At last, I take a sip.

· Chapter 32 ·

Going to the Hair Salon

영어로 바로 말할 수 있는 문장에 체크해보세요

- ☐ 나는 의자에 앉는다.
- ☐ 나는 거울을 본다.
- ☐ 나는 헤어스타일을 고른다.
- ☐ 나는 머리를 좌우로 돌린다.
- ☐ 나는 머리를 뒤로 기댄다.
- ☐ 나는 머리를 턴다.

나는 앉는다 의자에

I sit in* the chair.

나는 고른다 헤어스타일을

I pick a hairstyle.

나는 기댄다 머리를 뒤로

I lean my head back.

* sit in : 등받이나 팔걸이가 있는 큰 의자에 앉을 때 사용합니다.

나는 본다 거울을

I look in the mirror.

나는 돌린다 머리를 좌우로

I turn my head side to side.

나는 턴다 머리를

I brush off* hair.

* brush off : (손, 스펀지로) 털어내다. 스치듯 지나가다.

Practice 1 과거형으로 말해보기

I sat in the chair.

I picked a hairstyle.

I leaned my head back.

I looked in the mirror.

I turned my head side to side.

I brushed off hair.

Practice 2 3인칭으로 말해보기

He sits in the chair.

He picks a hairstyle.

He leans his head back.

He looks in the mirror.

He turns his head side to side.

He brushes off hair.

Upgrade 1분 말하기

앞에서 배운 문장을 활용해 1분 스토리로 말해보세요.

- 미용실에서 나는 의자에 앉는다.

  At the salon, ……………………………

- 나는 잡지에서 헤어스타일을 고른다.

  …………………………… from a magazine.

- 나는 의자에서 머리를 뒤로 기댄다.

  …………………………… in the chair.

- 머리를 자르고 나서 나는 거울을 보고 머리를 좌우로 돌린다.

  After my haircut, ……………………………

- 일어나기 전에 나는 몸에서 머리를 턴다.

  Before I get up, …………………………… from my body.

At the salon, I sit in the chair. I pick a hairstyle from a magazine. I lean my head back in the chair. After my haircut, I look in the mirror and turn my head side to side. Before I get up, I brush off hair from my body.

• Chapter 33 •

Riding the Subway

영어로 바로 말할 수 있는 문장에 체크해보세요

- ☐ 나는 노선을 확인한다.
- ☐ 나는 교통카드를 찍는다.
- ☐ 나는 지하철을 탄다.
- ☐ 나는 손잡이를 잡는다.
- ☐ 나는 지하철에서 내린다.
- ☐ 나는 출구를 찾는다.

나는 확인한다 노선을

I check the route.

나는 찍는다 교통카드를

I scan my transit card.

나는 탄다 지하철을

I get in* the subway.

* get in : 안으로 들어가다.

** get out of : 밖으로 나오다.

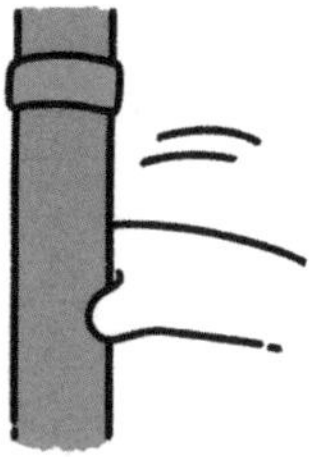

나는 잡는다 손잡이를

I hold the subway pole.

나는 내린다 지하철에서

I get out of the subway.**

나는 찾는다 출구를

I find the exit.

Practice 1 과거형으로 말해보기

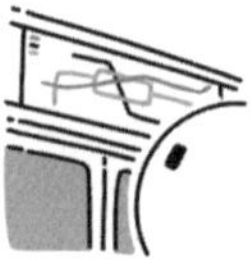

I checked the route.

I scanned my transit card.

I got in the subway.

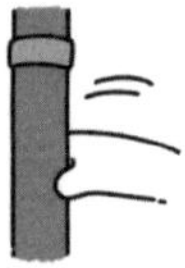

I held the subway pole.

I got out of the subway.

I found the exit.

Practice 2 3인칭으로 말해보기

She checks the route.

She scans her transit card.

She gets in the subway.

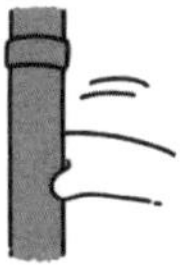

She holds the subway pole.

She gets out of the subway.

She finds the exit.

Upgrade 1분 말하기

앞에서 배운 문장을 활용해 1분 스토리로 말해보세요.

- 이동하기 전에 나는 노선을 확인한다.

Before I start my trip, ...

- 역에서 나는 교통카드를 찍는다.

At the station, ...

- 나는 지하철을 탄 후에 손잡이를 잡는다.

After ....

- 나는 지하철에서 내리고 출구를 찾는다.

....

Before I start my trip, I check the route. At the station, I scan my transit card. After I get in the subway, I hold the subway pole. I get out of the subway and find the exit.

• Chapter 34 •

Driving a Car

영어로 바로 말할 수 있는 문장에 체크해보세요

- ☐ 나는 차에 탄다.
- ☐ 나는 안전벨트를 맨다.
- ☐ 나는 차의 시동을 건다.
- ☐ 나는 액셀을 밟는다.
- ☐ 나는 깜박이를 켠다.
- ☐ 나는 차선을 바꾼다.

나는 탄다 차에

I get in the car.

나는 맨다 안전벨트를

I put on my seatbelt.

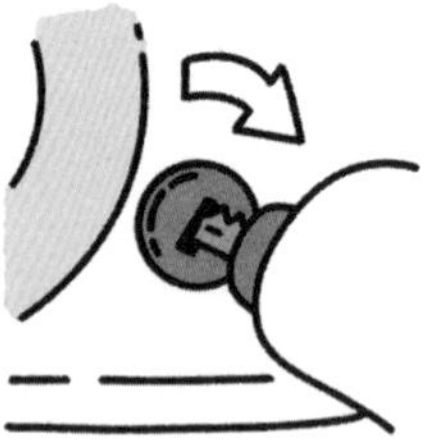

나는 시동을 건다 차의

I start the car.

나는 밟는다 액셀을

I press the gas*.

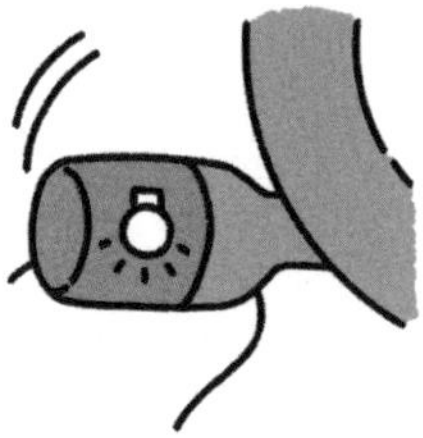

나는 켠다 깜박이를

I turn on the blinker.

나는 바꾼다 차선을

I change lanes.

* the gas : 액셀
  accelerator(액셀)는 기술 용어로서 일상에서 흔히 사용되지 않습니다.

Practice 1 과거형으로 말해보기

I got in the car.

I put on my seatbelt.

I started the car.

I pressed the gas.

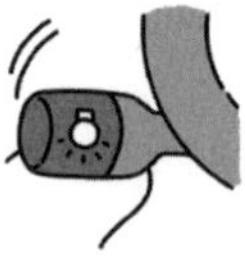

I turned on the blinker.

I changed lanes.

Practice 2 3인칭으로 말해보기

He gets in the car.

He puts on his seatbelt.

He starts the car.

He presses the gas.

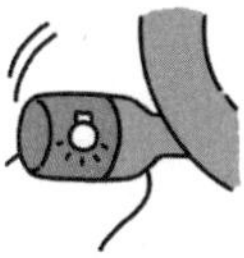

He turns on the blinker.

He changes lanes.

Upgrade 1분 말하기

앞에서 배운 문장을 활용해 1분 스토리로 말해보세요.

- 나는 차에 탄다.

- 늘 그렇듯이 나는 안전벨트를 맨다.

  Like always,

- 그다음에 나는 차의 시동을 걸고 액셀을 밟는다.

  Then

- 나는 차선을 바꾸기 전에 깜박이를 켠다.

  before

I get in the car. Like always, I put on my seatbelt. Then I start the car and press the gas. I turn on the blinker before I change lanes.

• Chapter 35 •

Parking a Car

영어로 바로 말할 수 있는 문장에 체크해보세요

- ☐ 나는 주차장에 들어간다.
- ☐ 나는 주차권을 받는다.
- ☐ 나는 빈자리를 찾는다.
- ☐ 나는 후진을 한다.
- ☐ 나는 후면 주차를 한다.
- ☐ 나는 주차 위치를 기억한다.

나는 들어간다 주차장에

I enter a parking garage.

나는 받는다 주차권을

I get a parking ticket*.

나는 찾는다 빈자리를

I look for a spot.

* parking ticket : 주차 위반 딱지. 단기 주차권.
parking permit : (거주자) 장기 주차권.

나는 후진을 한다

I back up.

나는 주차를 한다 후면(으로)

I park in reverse.

나는 기억한다 주차 위치를

I note* the location.

* note : 주목해서 보다. 기억하다.
note the location : 위치를 기억하다.

Practice 1 과거형으로 말해보기

I entered a parking garage.

I got a parking ticket.

I looked for a spot.

I backed up.

I parked in reverse.

I noted the location.

3인칭으로 말해보기

She **enters** a parking garage.

She **gets** a parking ticket.

She **looks for** a spot.

She **backs up**.

She **parks** in reverse.

She **notes** the location.

Upgrade 1분 말하기

앞에서 배운 문장을 활용해 1분 스토리로 말해보세요.

• 나는 주차장에 들어가서 주차권을 받는다.

....

• 그다음에 나는 빈자리를 찾는다.

Then ....

• 빈자리를 찾은 후에 나는 후진을 해서 후면 주차를 한다.

After I find one, ...

• 잊기 전에 나는 주차 위치를 기억한다.

Before I forget, ...

I enter a parking garage and get a parking ticket. Then I look for a spot. After I find one, I back up and park in reverse. Before I forget, I note the location.

· Chapter 36 ·

Holding a Meeting

영어로 바로 말할 수 있는 문장에 체크해보세요

- □ 나는 회의를 잡는다.
- □ 나는 회의에 참석한다.
- □ 나는 회의실을 예약한다.
- □ 나는 의견을 나눈다.
- □ 나는 자료를 준비한다.
- □ 나는 회의 보고서를 쓴다.

나는 잡는다 회의를

I arrange* a meeting.

나는 예약한다 회의실을

I reserve a room.

나는 준비한다 자료를

I prepare materials.

* arrange : 시간, 날짜, 장소를 정하다.

나는 참석한다 회의에

I attend the meeting.

나는 나눈다 의견을

I share my opinion.

나는 쓴다 회의 보고서를

I write a meeting report.

Practice 1 과거형으로 말해보기

I arranged a meeting.

I reserved a room.

I prepared materials.

I attended the meeting.

I shared my opinion.

I wrote a meeting report.

Practice 2 **3인칭으로 말해보기**

He arranges a meeting.

He reserves a room.

He prepares materials.

He attends the meeting.

He shares his opinion.

He writes a meeting report.

Upgrade 1분 말하기

앞에서 배운 문장을 활용해 1분 스토리로 말해보세요.

- 우선 나는 회의를 잡는다.

  First,

- 그다음에 나는 회의실을 예약한다.

  Then

- 사람들이 도착하기 전에 나는 자료를 준비한다.

  Before everyone arrives,

- 예정된 시간에 나는 회의에 참석하고 의견을 나눈다.

  At the scheduled time,

- 회의 후에 나는 회의 보고서를 쓴다.

  After the meeting,

First, I arrange a meeting. Then I reserve a room. Before everyone arrives, I prepare materials. At the scheduled time, I attend the meeting and share my opinion. After the meeting, I write a meeting report.

• Chapter 37 •

Sending an Email

영어로 바로 말할 수 있는 문장에 체크해보세요

- ☐ 나는 메일에 회신한다.
- ☐ 나는 동료를 참조한다.
- ☐ 나는 내용을 작성한다.
- ☐ 나는 이메일에 서명한다.
- ☐ 나는 파일을 첨부한다.
- ☐ 나는 메일함을 정리한다.

나는 회신한다 메일에

I reply to an email.

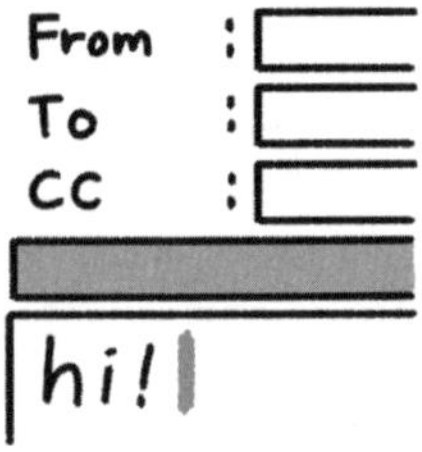

나는 작성한다 내용을

I write a message.

나는 첨부한다 파일을

I attach a file.

나는 참조한다 동료를

I CC* a co-worker.

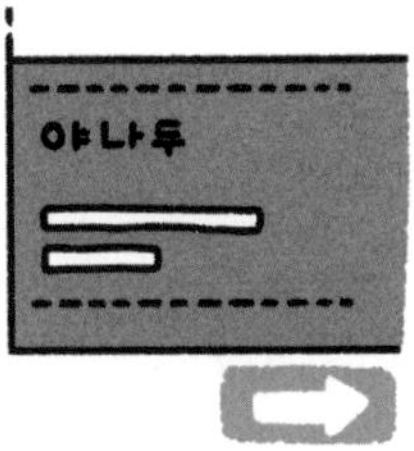

나는 서명한다 (이메일에)

I sign the email.

나는 정리한다 메일함을

I organize my inbox.

* CC : carbon copy
직역하면 '카본지로 만든 복사본'이라는 뜻으로 동일한 메일을 발송한다는 의미입니다.

PART 02 OUTDOOR

Practice 1 과거형으로 말해보기

I replied to **an email.**

I wrote **a message.**

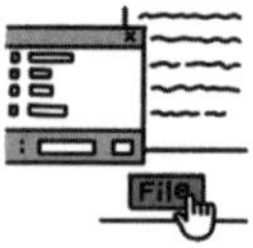

I attached **a file.**

I CCed **a co-worker.**

I signed **the email.**

I organized **my inbox.**

Practice 2 3인칭으로 말해보기

She replies to an email.

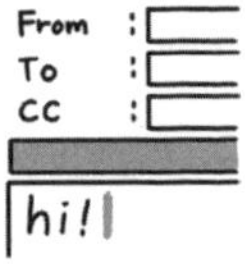

She writes a message.

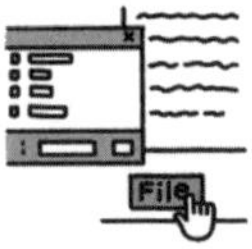

She attaches a file.

She CCs a co-worker.

She signs the email.

She organizes her inbox.

Upgrade 1분 말하기

앞에서 배운 문장을 활용해 1분 스토리로 말해보세요.

- 시간이 날 때 나는 메일에 회신한다.

  When I have a moment, ……………………………………

- 나는 내용을 작성하고 파일을 첨부한다.

  ……………………………………

- 나는 서명하기 전에 동료를 참조한다.

  Before ……………………………………

- 나는 메일을 보낸 후에 메일함을 정리한다.

  After I send the email, ……………………………………

When I have a moment, I reply to an email. I write a message and attach a file. Before I sign the email, I CC a co-worker. After I send the email, I organize my inbox.

• Chapter 38 •

Video Conferencing

영어로 바로 말할 수 있는 문장에 체크해보세요

- □ 나는 웹캠을 연결한다.
- □ 나는 마이크 소리를 확인한다.
- □ 나는 비디오 앱을 켠다.
- □ 나는 미팅룸에 연결한다.
- □ 나는 웹캠을 중앙에 맞춘다.
- □ 나는 동료들에게 말한다.

나는 연결한다 웹캠을

I plug in my webcam.

나는 켠다 비디오 앱을

I open the video app.

나는 중앙에 맞춘다 웹캠을

I center* the webcam.

* center : 중앙. / 중앙에 맞추다.
영어에서 많은 단어들이 동사와 명사로 모두 활용됩니다.

나는 확인한다 마이크 소리를

I check my microphone sound.

나는 연결한다 미팅룸에

I connect to a meeting room.

나는 말한다 동료들에게

I talk to my co-workers.

Practice 1 과거형으로 말해보기

I **plugged in** my webcam.

I **opened** the video app.

I **centered** the webcam.

I **checked** my microphone sound.

I **connected to** a meeting room.

I **talked to** my co-workers.

Practice 2 3인칭으로 말해보기

He plugs in his webcam.

He opens the video app.

He centers the webcam.

He checks his microphone sound.

He connects to a meeting room.

He talks to his co-workers.

Upgrade 1분 말하기

앞에서 배운 문장을 활용해 1분 스토리로 말해보세요.

- 우선 나는 웹캠을 연결한다.

To begin with, ……………………………………………………

- 그다음에 나는 비디오 앱을 켠다.

Then ……………………………………………………

- 나는 웹캠을 중앙에 맞추고 마이크 소리를 확인한다.

……………………………………………………

- 모든 것이 세팅된 후에 나는 미팅 룸에 연결한다.

After everything is set, ……………………………………………………

- 회의 시간에 나는 동료들에게 말한다.

At the meeting time, ……………………………………………………

> To begin with, I plug in my webcam. Then I open the video app. I center the webcam and check my microphone sound. After everything is set, I connect to a meeting room. At the meeting time, I talk to my co-workers.

• Chapter 39 •

Going to the Convenience Store

영어로 바로 말할 수 있는 문장에 체크해보세요

- ☐ 나는 선반을 훑어본다.
- ☐ 나는 좋아하는 음료를 집는다.
- ☐ 나는 스낵을 고른다.
- ☐ 나는 카운터에 모두 놓는다.
- ☐ 나는 냉장고 쪽으로 걸어간다.
- ☐ 나는 점원에게 신용카드를 준다.

나는 훑어본다 선반을

I scan the shelves.

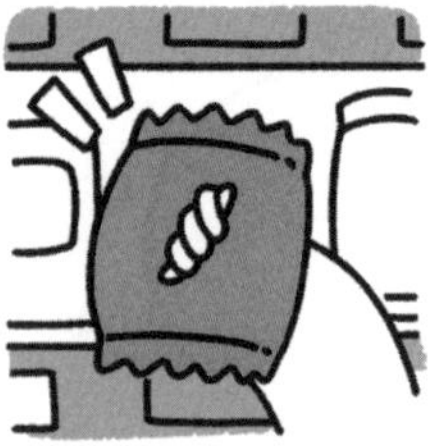

나는 고른다 스낵을

I pick out a snack.

나는 쪽으로 걸어간다 냉장고

I walk over to* the cooler.

* walk over to : ~쪽으로 걸어가다(A에서 B로 옮겨가는 느낌).

나는 집는다 좋아하는 음료를

I grab my favorite drink.

나는 놓는다 모두 카운터에

I put everything on the counter.

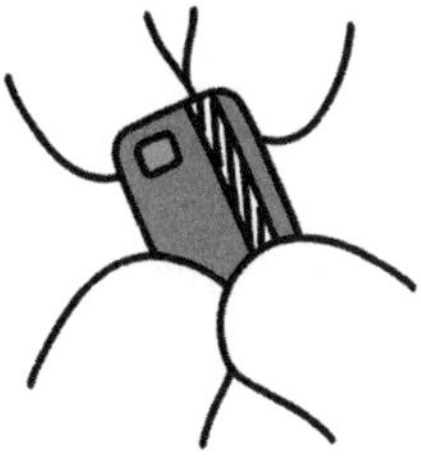

나는 준다 신용카드를 점원에게

I give my credit card to the clerk.

Practice 1 과거형으로 말해보기

I scanned the shelves.

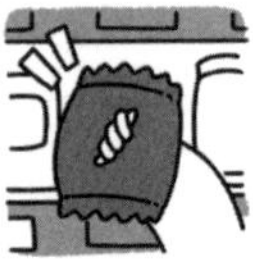

I picked out a snack.

I walked over to the cooler.

I grabbed my favorite drink.

I put everything on the counter.

I gave my credit card to the clerk.

Practice 2 3인칭으로 말해보기

She scans the shelves.

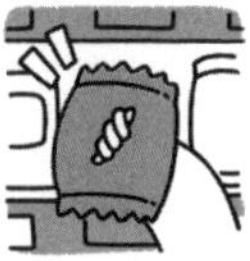

She picks out a snack.

She walks over to the cooler.

She grabs her favorite drink.

She puts everything on the counter.

She gives her credit card to the clerk.

Upgrade 1분 말하기

앞에서 배운 문장을 활용해 1분 스토리로 말해보세요.

- 가게에서 나는 눈으로 선반을 훑어보고 스낵을 고른다.

  At the store, ______ with my eyes ______

- 그다음에 나는 냉장고 쪽으로 걸어간다.

  Then ______

- 나는 좋아하는 음료를 집고 모두 카운터에 놓는다.

  ______

- 마지막으로 나는 신용카드를 점원에게 준다.

  Lastly, ______

At the store, I scan the shelves with my eyes and pick out a snack. Then I walk over to the cooler. I grab my favorite drink and put everything on the counter. Lastly, I give my credit card to the clerk.

• Chapter 40 •

Seeing a Doctor

영어로 바로 말할 수 있는 문장에 체크해보세요

- □ 나는 예약을 한다.
- □ 나는 예약을 확인한다.
- □ 나는 대기실에 앉는다.
- □ 나는 의사에게 말한다.
- □ 나는 주사를 맞는다.
- □ 나는 처방전을 받는다.

나는 한다 예약을

I make a reservation.

나는 확인한다 예약을

I confirm my reservation.

나는 앉는다 대기실에

I sit in the waiting room.

나는 말한다 의사에게

I talk to the doctor.

나는 맞는다 주사를

I get a shot.

나는 받는다 처방전을

I get a prescription.

Practice 1 과거형으로 말해보기

I made a reservation.

I confirmed my reservation.

I sat in the waiting room.

I talked to the doctor.

I got a shot.

I got a prescription.

Practice 2 3인칭으로 말해보기

He makes a reservation.

He confirms his reservation.

He sits in the waiting room.

He talks to the doctor.

He gets a shot.

He gets a prescription.

Upgrade 1분 말하기

앞에서 배운 문장을 활용해 1분 스토리로 말해보세요.

- 나는 의사와 미리 예약을 한다.

  with my doctor in advance.

- 나는 프런트 데스크에서 예약을 확인한 다음에 대기실에 앉는다.

  at the front desk then

- 잠시 후에 나는 의사에게 말한다.

  After a while,

- 마지막으로 나는 주사를 맞고 약을 위해 처방전을 받는다.

  Lastly, for medicine.

I make a reservation with my doctor in advance. I confirm my reservation at the front desk then sit in the waiting room. After a while, I talk to the doctor. Lastly, I get a shot and get a prescription for medicine.

• Chapter 41 •

Going to a Pharmacy

영어로 바로 말할 수 있는 문장에 체크해보세요

- ☐ 나는 줄을 선다.
- ☐ 나는 약사에게 처방전을 준다.
- ☐ 나는 호명을 기다린다.
- ☐ 나는 약을 받는다.
- ☐ 나는 지시 사항을 듣는다.
- ☐ 나는 약을 먹는다.

나는 선다 줄을

I stand in line.

나는 준다 처방전을 약사에게

I give my prescription to the pharmacist.

나는 기다린다 호명을

I wait to hear my name.

나는 받는다 약을

I pick up* the medicine.

나는 듣는다 지시 사항을

I listen to the instructions.

나는 먹는다 약을

I take the medicine.

* pick up은 '집어 들다'(Ch.11), '가져오다'(Ch.19), '치우다'(Ch.27), '가져가다'(Ch.31), '받다(Ch.41)' 등과 같이 다양하게 쓰입니다.

Practice 1 과거형으로 말해보기

I stood in line.

I gave my prescription to the pharmacist.

I waited to hear my name.

I picked up the medicine.

I listened to the instructions.

I took the medicine.

Practice 2 3인칭으로 말해보기

She stands in line.

She gives her prescription to the pharmacist.

She waits to hear her name.

She picks up the medicine.

She listens to the instructions.

She takes the medicine.

Upgrade 1분 말하기

앞에서 배운 문장을 활용해 1분 스토리로 말해보세요.

- 나는 약국에서 줄을 선다.

.... at a pharmacy.

- 나는 약사에게 처방전을 주고 호명을 기다린다.

....

- 준비가 되었을 때 나는 약을 받는다.

When it is ready, ...

- 나는 주의 깊게 지시 사항을 듣는다.

.... carefully.

- 나는 물과 함께 약을 먹는다.

.... with water.

I stand in line at a pharmacy. I give my prescription to the pharmacist and wait to hear my name. When it is ready, I pick up the medicine. I listen to the instructions carefully. I take the medicine with water.

· Chapter 42 ·

Going to the Dry Cleaner's

영어로 바로 말할 수 있는 문장에 체크해보세요

- □ 나는 옷을 가져간다.
- □ 나는 옷을 찾아간다.
- □ 나는 이름을 말한다.
- □ 나는 옷을 든다.
- □ 나는 얼룩을 가리킨다.
- □ 나는 옷을 건다.

나는 가져간다 옷을

I bring my clothes.

나는 말한다 이름을

I give* my name.

나는 가리킨다 얼룩을

I point to the stains.

* 이름, 전화번호 등의 정보를 '준다'는 개념으로 give my name을 사용합니다.

나는 찾아간다 옷을

I take my clean clothes.

나는 든다 옷을

I carry my clothes.

나는 건다 옷을

I hang up my clothes.

Practice 1 과거형으로 말해보기

I **brought** my clothes.

I **gave** my name.

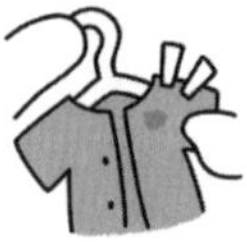

I **pointed to** the stains.

I **took** my clean clothes.

I **carried** my clothes.

I **hung up** my clothes.

Practice 2 3인칭으로 말해보기

He brings his clothes.

He gives his name.

He points to the stains.

He takes his clean clothes.

He carries his clothes.

He hangs up his clothes.

Upgrade 1분 말하기

앞에서 배운 문장을 활용해 1분 스토리로 말해보세요.

- 나는 세탁소에 옷을 가져가서 이름을 말한다.

  to the dry cleaner's

- 나는 얼룩을 보고 가리킨다.

  see

- 며칠 후에 나는 옷을 찾아간다.

  A few days later,

- 나는 집으로 가기 위해 옷을 든다.

  to go home.

- 나는 옷을 옷장에 건다.

  in the closet.

I bring my clothes to the dry cleaner's and give my name. I see stains and point to them. A few days later, I take my clean clothes. I carry my clothes to go home. I hang up my clothes in the closet.

• Chapter 43 •

Shopping at the Mall

영어로 바로 말할 수 있는 문장에 체크해보세요

- □ 나는 백화점을 돌아다닌다.
- □ 나는 피팅룸에 들어간다.
- □ 나는 세일 품목을 둘러본다.
- □ 나는 커튼을 닫는다.
- □ 나는 가격표를 본다.
- □ 나는 거울 앞에서 포즈를 취한다.

나는 돌아다닌다 백화점을

I walk around the mall.

나는 둘러본다 세일 품목을

I browse the new sale items.

나는 본다 가격표를

I look at the price tag.

나는 들어간다 피팅룸에

I go into the changing room.

나는 닫는다 커튼을

I pull back* the curtain.

나는 포즈를 취한다 거울 앞에서

I pose in front of a mirror.

* pull back the curtain : 커튼을 열다.
draw the curtain : 커튼을 열다. 커튼을 닫다.

Practice 1 과거형으로 말해보기

I **walked around** the mall.

I **browsed** the new sale items.

I **looked at** the price tag.

I **went into** the changing room.

I **pulled back** the curtain.

I **posed** in front of a mirror.

Practice 2 3인칭으로 말해보기

She walks around the mall.

She browses the new sale items.

She looks at the price tag.

She goes into the changing room.

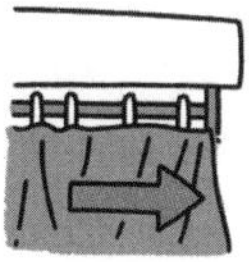

She pulls back the curtain.

She poses in front of a mirror.

Upgrade 1분 말하기

앞에서 배운 문장을 활용해 1분 스토리로 말해보세요.

- 나는 백화점을 돌아다닌다.

  ……………………………………………………………………

- 나는 가게에서 세일 품목을 둘러본다.

  …………………………………………………… at a store.

- 나는 피팅 룸에 들어가기 전에 물품의 가격표를 본다.

  ………………… on the item before ……………………

- 나는 커튼을 닫고 그다음에 옷을 입어본다.

  ………………………… and then I try on the clothes.

- 옷을 사기 전에 나는 거울 앞에서 포즈를 취한다.

  Before I buy the outfit, ……………………………………

> I walk around the mall. I browse the new sale items at a store. I look at the price tag on the item before I go into the changing room. I pull back the curtain and then I try on the clothes. Before I buy the outfit, I pose in front of a mirror.

· Chapter 44 ·

Using an ATM

영어로 바로 말할 수 있는 문장에 체크해보세요

- ☐ 나는 은행 카드를 삽입한다.
- ☐ 나는 비밀번호를 입력한다.
- ☐ 나는 인출을 선택한다.
- ☐ 나는 돈을 꺼낸다.
- ☐ 나는 뒤를 확인한다.
- ☐ 나는 돈을 센다.

나는 삽입한다 은행 카드를

I insert my bank card.

나는 선택한다 인출을

I choose withdrawal.

나는 확인한다 뒤를

I look over my shoulder.

나는 입력한다 비밀번호를

I enter my pin number*.

나는 꺼낸다 돈을

I take the money out.

나는 센다 돈을

I count my money.

* pin number : 숫자로 된 비밀번호.
password : 숫자, 문자, 특수문자 등의 조합으로 된 비밀번호.

Practice 1 과거형으로 말해보기

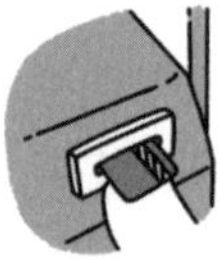

I **inserted** my bank card.

I **chose** withdrawal.

I **looked over** my shoulder.

I **entered** my pin number.

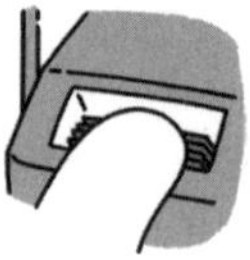

I **took** the money **out**.

I **counted** my money.

Practice 2 3인칭으로 말해보기

He inserts his bank card.

He chooses withdrawal.

He looks over his shoulder.

He enters his pin number.

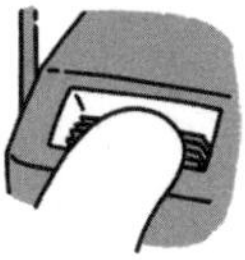

He takes the money out.

He counts his money.

Upgrade 1분 말하기

앞에서 배운 문장을 활용해 1분 스토리로 말해보세요.

- ATM에서 나는 은행 카드를 삽입한다.

At the ATM, ...

- 나는 메뉴에서 인출을 선택한다.

.... from the menu.

- 비밀번호를 입력하기 전에 나는 뒤를 확인한다.

Before ....

- 그다음에 나는 돈을 꺼낸다.

Then ....

- 떠나기 전에 나는 돈을 센다.

Before I leave, ...

At the ATM, I insert my bank card. I choose withdrawal from the menu. Before I enter my pin number, I look over my shoulder. Then I take the money out. Before I leave, I count my money.

• Chapter 45 •

Ordering at a Bar

영어로 바로 말할 수 있는 문장에 체크해보세요

- ☐ 나는 테이블에 기댄다.
- ☐ 나는 손을 든다.
- ☐ 나는 주문할 것을 외친다.
- ☐ 나는 잔을 집어든다.
- ☐ 나는 건배한다.
- ☐ 나는 원샷한다.

나는 기댄다 테이블에

I lean over the bar*.

나는 든다 손을

I raise my hand.

나는 외친다 주문할 것을

I shout out my order.

* bar : 술집. 술집에 있는 긴 테이블.

나는 집어 든다 잔을

I pick up my glass.

나는 건배한다

I make a toast.

나는 원샷한다

I down* my drink.

* down : 죽 들이켜다. 벌컥 마시다.

Practice 1 과거형으로 말해보기

I leaned over **the bar.**

I raised **my hand.**

I shouted out **my order.**

I picked up **my glass.**

I made a toast.

I downed my drink.

Practice 2 **3인칭으로 말해보기**

She leans over **the bar.**

She raises **her hand.**

She shouts out **her order.**

She picks up **her glass.**

She makes a toast.

She downs her drink.

Upgrade 1분 말하기

앞에서 배운 문장을 활용해 1분 스토리로 말해보세요.

- 술집에서 나는 테이블에 기댄다.

  At a bar, ...

- 그다음에 나는 손을 들고 주문할 것을 외친다.

  Then ....

- 준비가 되었을 때 나는 잔을 집어 들고 건배를 한다.

  When it is ready, ...

- 모두가 건배를 한 후에 나는 원샷한다.

  After everyone cheers, ...

At a bar, I lean over the bar. Then I raise my hand and shout out my order. When it is ready, I pick up my glass and make a toast. After everyone cheers, I down my drink.

• Chapter 46 •

Getting Gas

영어로 바로 말할 수 있는 문장에 체크해보세요

- ☐ 나는 주유소에 차를 세운다.
- ☐ 나는 주유구를 연다.
- ☐ 나는 창문을 내린다.
- ☐ 나는 주유비를 지불한다.
- ☐ 나는 얼마 넣을지 말한다.
- ☐ 나는 떠난다.

나는 차를 세운다 주유소에

I pull up to* the station.

나는 내린다 창문을

I roll down my window.

나는 말한다 얼마 넣을지

I say how much gas.

* pull up to : 차를 ~에 세우다.
pull up : (차에 탑승한 채로) 멈추다. 서다.

나는 연다 주유구를

I pop* the gas door.

나는 지불한다 주유비를

I pay for the gas.

나는 떠난다

I drive away.

* pop : 펑 소리 나게 열다. 펑 소리를 내다.

Practice 1 과거형으로 말해보기

I pulled up to the station.

I rolled down my window.

I said how much gas.

I popped the gas door.

I paid for the gas.

I drove away.

Practice 2 3인칭으로 말해보기

He pulls up to **the station.**

He rolls down **his window.**

He says **how much gas.**

He pops **the gas door.**

He pays for **the gas.**

He drives away.

Upgrade 1분 말하기

앞에서 배운 문장을 활용해 1분 스토리로 말해보세요.

• 나는 주유하기 위해 주유소에 차를 세운다.

.... to get gas.

• 나는 창문을 내리고 얼마 넣을지 말한다.

....

• 그다음에 나는 주유구를 연다.

Then ....

• 나는 주유비를 지불하고 떠난다.

.... and ....

I pull up to the station to get gas. I roll down my window and say how much gas. Then I pop the gas door. I pay for the gas and drive away.

• Chapter 47 •

Calling a Taxi

영어로 바로 말할 수 있는 문장에 체크해보세요

- □ 나는 택시 앱을 켠다.
- □ 나는 택시를 호출한다.
- □ 나는 출발지를 선택한다.
- □ 나는 자동 결제로 지불한다.
- □ 나는 도착지를 입력한다.
- □ 나는 소요 시간을 확인한다.

나는 켠다 택시 앱을

I open the Taxi app.

나는 선택한다 출발지를

I choose the starting point.

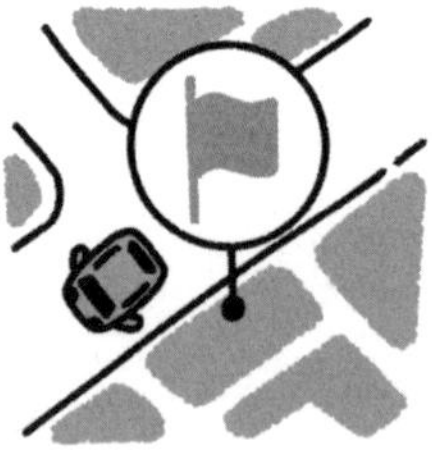

나는 입력한다 도착지를

I input the destination.

나는 호출한다 택시를

I call a taxi.

나는 지불한다 자동 결제로

I pay with my account.

나는 확인한다 소요 시간을

I check the travel time.

Practice 1 과거형으로 말해보기

I **opened** the Taxi app.

I **chose** the starting point.

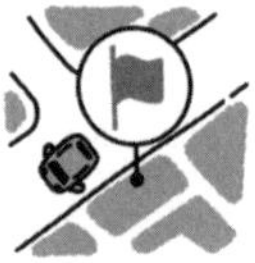

I **input** the destination.

I **called** a taxi.

I **paid with** my account.

I **checked** the travel time.

Practice 2 3인칭으로 말해보기

She opens **the Taxi app.**

She chooses **the starting point.**

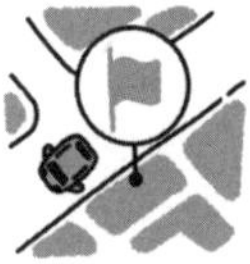

She inputs **the destination.**

She calls **a taxi.**

She pays with **her account.**

She checks **the travel time.**

Upgrade 1분 말하기

앞에서 배운 문장을 활용해 1분 스토리로 말해보세요.

• 나는 택시를 잡기 위해 택시 앱을 켠다.

to get a taxi.

• 우선 나는 출발지를 선택하고 도착지를 입력한다.

To start off,

• 내가 준비됐을 때 택시를 호출한다.

When I'm ready,

• 그다음에 나는 자동 결제를 하고 소요 시간을 확인한다.

Then

I open the Taxi app to get a taxi. To start off, I choose the starting point and input the destination. When I'm ready, I call a taxi. Then I pay with my account and check the travel time.

· Chapter 48 ·

Camping

영어로 바로 말할 수 있는 문장에 체크해보세요

- ☐ 나는 짐을 싼다.
- ☐ 나는 고기를 굽는다.
- ☐ 나는 텐트를 친다.
- ☐ 나는 찌개를 끓인다.
- ☐ 나는 모닥불을 피운다.
- ☐ 나는 벌레 약을 뿌린다.

나는 싼다 짐을

I pack all my gear*.

나는 친다 텐트를

I set up my tent.

나는 피운다 모닥불을

I build a fire.

* gear : 장비 + 소지품.

나는 고기를 굽는다

I barbeque*.

나는 끓인다 찌개를

I make stew.

나는 뿌린다 벌레 약을

I spray bug repellent.

* barbeque : 고기를 굽다. / 고기.

Practice 1 과거형으로 말해보기

I packed all my gear.

I set up my tent.

I built a fire.

I barbequed.

I made stew.

I sprayed bug repellent.

Practice 2 3인칭으로 말해보기

He packs all his gear.

He sets up his tent.

He builds a fire.

He barbeques.

He makes stew.

He sprays bug repellent.

Upgrade 1분 말하기

앞에서 배운 문장을 활용해 1분 스토리로 말해보세요.

- 캠핑을 가기 전에 나는 짐을 싼다.

  Before I go camping, ……………………

- 캠프장에 도착하면 나는 텐트를 친다.

  When I get to the campsite, ……………………

- 그다음에 나는 모닥불을 피우고 고기 몇 점을 굽는다.

  Then …………………… some meat.

- 그 후에 나는 찌개를 끓인다.

  After that, ……………………

- 나는 자기 전에 벌레 약을 뿌린다.

  …………………… before I go to sleep.

Before I go camping, I pack all my gear. When I get to the campsite, I set up my tent. Then I build a fire and barbeque some meat. After that, I make stew. I spray bug repellent before I go to sleep.

· Chapter 49 ·

Going to the Movies

영어로 바로 말할 수 있는 문장에 체크해보세요

- ☐ 나는 영화 포스터를 누른다.
- ☐ 나는 키오스크로 걸어간다.
- ☐ 나는 시간을 선택한다.
- ☐ 나는 팝콘 콤보를 산다.
- ☐ 나는 자리를 고른다.
- ☐ 나는 음식을 가져간다.

나는 누른다 영화 포스터를

I tap on a movie banner.

나는 선택한다 시간을

I select a time.

나는 고른다 자리를

I pick* the seats.

* pick은 select보다 선택의 범위가 더 넓은 느낌입니다. 'Pick whatever you want(원하는 거 다 골라)'와 같이 사용합니다.

나는 걸어간다 키오스크로

I walk up to the kiosk.

나는 산다 팝콘 콤보를

I buy a popcorn combo.

나는 가져간다 음식을

I pick up* my food.

* pick up에는 '골라서 집어 올리다'라는 느낌이 있습니다.

Practice 1 과거형으로 말해보기

I tapped on a movie banner.

I selected a time.

I picked the seats.

I walked up to the kiosk.

I bought a popcorn combo.

I picked up my food.

Practice 2 **3인칭으로 말해보기**

She taps on a movie banner.

She selects a time.

She picks the seats.

She walks up to the kiosk.

She buys a popcorn combo.

She picks up her food.

Upgrade 1분 말하기

앞에서 배운 문장을 활용해 1분 스토리로 말해보세요.

- 영화 티켓을 사기 위해 나는 영화 포스터를 누른다.

  To get a movie ticket, ...

- 나는 시간을 선택하고 자리를 고른다.

  ....

- 그다음에 나는 키오스크로 걸어가서 영화를 위해 팝콘 콤보를 산다.

  Then .... for the movie.

- 준비가 되면 나는 음식을 가져간다.

  When it is ready, ...

To get a movie ticket, I tap on a movie banner. I select a time and pick the seats. Then I walk up to the kiosk and buy a popcorn combo for the movie. When it is ready, I pick up my food.

• Chapter 50 •

Going to an Amusement Park

영어로 바로 말할 수 있는 문장에 체크해보세요

- ☐ 나는 입장권을 산다.
- ☐ 나는 줄을 선다.
- ☐ 나는 티켓을 찬다.
- ☐ 나는 놀이기구를 탄다.
- ☐ 나는 라커에 짐을 넣는다.
- ☐ 나는 공중에 손을 흔든다.

나는 산다 입장권을

I buy a ticket.

나는 찬다 티켓을

I put on the ticket bracelet.

나는 넣는다 짐을 라커에

I put my stuff* in a locker.

* stuff는 'things(것들)'와 같이 여러 가지 것들을 통칭할 때 사용합니다.

나는 선다 줄을

I stand in line.

나는 탄다 놀이기구를

I go on a ride.

나는 흔든다 손을 공중에

I wave my hands in the air.

Practice 1 과거형으로 말해보기

I **bought** a ticket.

I **put on** the ticket bracelet.

I **put** my stuff in a locker.

I **stood in** line.

I **went on** a ride.

I **waved** my hands in the air.

Practice 2 3인칭으로 말해보기

He buys a ticket.

He puts on the ticket bracelet.

He puts his stuff in a locker.

He stands in line.

He goes on a ride.

He waves his hands in the air.

Upgrade 1분 말하기

앞에서 배운 문장을 활용해 1분 스토리로 말해보세요.

- 나는 놀이동산에서 입장권을 산다.

  .... at an amusement park.

- 들어가기 전에 나는 티켓을 찬다.

  Before I go in, ...

- 그다음에 나는 라커에 짐을 넣는다.

  Then ....

- 나는 친구들과 줄을 선다.

  .... with my friends.

- 마침내 나는 놀이기구를 타고 공중에 손을 흔든다.

  Finally, ...

I buy a ticket at an amusement park. Before I go in, I put on the ticket bracelet. Then I put my stuff in a locker. I stand in line with my friends. Finally, I go on a ride and wave my hands in the air.

야나두
나의 즐거운
영어생활

초판 1쇄 발행 2020년 11월 16일
초판 5쇄 발행 2023년 11월 1일

지은이 원예나

펴낸이 최지연
마케팅 김나영 김경민 윤여준
디자인 데시그 윤여경
일러스트 코끼리씨
교정 윤정숙

펴낸곳 라곰
출판등록 2018년 7월 11일 제2018-000068호
주소 서울시 마포구 큰우물로75 1406호
전화 02-6949-6014 **팩스** 02-6919-9058
이메일 book@lagombook.co.kr

ISBN 979-11-89686-24-6 13740

• 라곰은 (주)타인의취향의 출판브랜드입니다.
• 책값은 뒤표지에 있습니다.
• 잘못된 책은 구입하신 곳에서 바꾸어 드립니다.